日本少子化问题研究

全龙杰 著

吉林大学出版社
·长春·

图书在版编目（CIP）数据

日本少子化问题研究 / 全龙杰著. -- 长春：吉林大学出版社, 2024.3
 ISBN 978-7-5768-1673-0

Ⅰ.①日… Ⅱ.①全… Ⅲ.①人口—问题—研究—日本 Ⅳ.①C924.313.4

中国国家版本馆CIP数据核字(2023)第082617号

书　　名：	日本少子化问题研究 RIBEN SHAOZIHUA WENTI YANJIU
作　　者：	全龙杰
策划编辑：	张宏亮
责任编辑：	殷丽爽
责任校对：	张文涛
装帧设计：	雅硕图文
出版发行：	吉林大学出版社
社　　址：	长春市人民大街4059号
邮政编码：	130021
发行电话：	0431-89580028/29/21
网　　址：	http://www.jlup.com.cn
电子邮箱：	jldxcbs@sina.com
印　　刷：	长春市中海彩印厂
开　　本：	787mm×1092mm　　1/16
印　　张：	11
字　　数：	175千字
版　　次：	2024年3月　第1版
印　　次：	2024年3月　第1次
书　　号：	ISBN 978-7-5768-1673-0
定　　价：	68.00元

版权所有　翻印必究

目　　录

第一章　绪论 …………………………………………………………… 1
　　第一节　研究背景 …………………………………………………… 1
　　第二节　研究目的与意义 …………………………………………… 4
　　第三节　研究综述 …………………………………………………… 5
　　第四节　研究设计 …………………………………………………… 14
　　第五节　创新与不足 ………………………………………………… 17

第二章　基本概念与主要理论 ………………………………………… 19
　　第一节　基本概念 …………………………………………………… 19
　　第二节　主要理论 …………………………………………………… 27

第三章　日本少子化的进程、现状及未来趋势 ……………………… 42
　　第一节　日本少子化的进程 ………………………………………… 42
　　第二节　日本少子化的现状 ………………………………………… 45
　　第三节　日本少子化的未来趋势 …………………………………… 48

第四章　日本少子化的成因 …………………………………………… 54
　　第一节　少子化的人口因素 ………………………………………… 54
　　第二节　少子化的经济因素 ………………………………………… 67
　　第三节　少子化的社会文化因素 …………………………………… 75

第五章　日本少子化的影响 …………………………………………… 83
　　第一节　少子化对日本人口的影响 ………………………………… 83
　　第二节　少子化对日本经济的影响 ………………………………… 90

第三节　少子化对日本社会文化的影响 …………………………… 100

第六章　日本少子化对策评析 ……………………………………… 108
　　第一节　日本少子化对策的演进 …………………………………… 108
　　第二节　日本少子化对策的体系 …………………………………… 117
　　第三节　政策工具视角下的少子化对策量化分析 ………………… 120
　　第四节　日本少子化对策的效果评价 ……………………………… 125

第七章　日本少子化对中国的启示 ………………………………… 130
　　第一节　中国少子化进程和现状 …………………………………… 130
　　第二节　中国少子化的未来趋势 …………………………………… 136
　　第三节　少子化的中日比较及经验借鉴 …………………………… 142

第八章　结论与对策建议 …………………………………………… 149
　　第一节　主要结论 …………………………………………………… 149
　　第二节　对策建议 …………………………………………………… 151

参考文献 ……………………………………………………………… 155
附录 …………………………………………………………………… 168

第一章 绪论

第一节 研究背景

19世纪末,欧洲大部分国家相继完成了人口转变的过程,但人类生育水平的变动并未止步于更替水平,人口增长也未能如传统的人口转变理论所述维持在低位均衡状态。[①] 20世纪以来,人类的生育状况日益复杂多样,同时出现了以极低生育率为主要特征的少子化问题。随着生育水平的广泛下降,人口学界关注的焦点也从控制人口增长逐渐转向维持适度人口规模、应对老龄化、恢复生育水平等问题。低生育率在全球蔓延的趋势是本研究的宏观背景,而日本在当前及未来面临超少子化的巨大挑战是本研究的具体背景。

一、全球生育变动

虽然目前生育水平在不同区域、不同经济发展水平的国家和地区之间仍存在巨大的差异,但从全球范围来看,过去的半个多世纪生育水平一直呈下降的趋势。根据联合国经济和社会事务部发布的《2019年世界人口展望》的数据,在1960—1965年间,全球平均总和生育率高达5.02,此后一路下降,在2015—2020年间下降至2.49,下降了50%以上。同样,全球平均的人口出生率也一直呈下降的趋势,从1950—1955年间的36.9‰一路下降到了2015—2020年间的18.5‰,降幅也接近50%。从少年儿童人口系数[②]的全球变动来看,1950年全球平均高达34.3%,到2020年下降至25.4%。从这些数据的变化来看,虽然目

[①] 陈佳鞠,翟振武.20世纪以来国际生育水平变迁历程及影响机制分析[J].中国人口科学,2016(2):12-25;126.

[②] 注:少年儿童人口系数又称少年儿童人口比重,是指0~14岁人口占总人口的比重。

前人类还没有在全球范围内进入少子化阶段，但是生育水平已大大降低。根据联合国人口预测，全球平均总和生育率将在 21 世纪中叶迫近人口更替水平，全人类将进入少子化阶段。

虽然目前全球总人口仍处于增长之中，但是从全球净人口再生产率（net reproduce rate，NRR）①的变化来看，全球人口再生产规模扩大的趋势已越来越弱。在 1965—1970 年间，全球净人口再生产率高达 1.89，人口再生产规模趋于迅速扩大。到 2015—2020 年间，全球净人口再生产率已下降到 1.1，人口增长的势头趋于停滞。

全球生育变动的另一大趋势是低生育水平由率先完成人口转变的国家和地区向后进完成人口转变的国家和地区不断蔓延，世界范围内越来越多的国家加入少子化的行列。从地理分布来看，目前除了非洲还保持着较高的总和生育率（4.44），其他大洲的总和生育率都很低。大洋洲和亚洲的总和生育率略高于更替水平，分别是 2.36 和 2.15；拉丁美洲、北美洲和欧洲的总和生育率都已低于更替水平，分别是 2.04、1.75 和 1.61。

此外，极低生育水平的国家和地区的分布也在世界范围内发生了变化。在 20 世纪 80 年代之前，西欧一直都是世界范围内生育水平最低的地区。但是近 30 年间，一方面由于其他地区的生育水平进一步降低，另一方面由于西欧自身的生育水平出现了回升，目前，南欧已取代西欧成为全球生育水平最低的地区，东欧和东亚地区的总和生育率也相继下降至比西欧更低的水平（见表 1.1）。

表 1.1　低生育水平地区总和生育率的变化

	1980—1985 年	1985—1990 年	1990—1995 年	1995—2000 年	2000—2005 年	2005—2010 年	2010—2015 年	2015—2020 年
西欧	1.62	1.57	1.49	1.52	1.58	1.64	1.67	1.68
南欧	1.83	1.56	1.41	1.34	1.37	1.47	1.40	1.37
东欧	2.08	2.10	1.63	1.29	1.26	1.43	1.57	1.66
东亚	2.45	2.60	1.81	1.60	1.57	1.59	1.63	1.65

① 注：净人口再生产率是假设妇女从出生起就遵循某年的年龄别生育率和死亡率的前提下，女孩人口数同母亲同龄妇女总人口数之比，简称 NRR。当 NRR 大于 1 时，人口再生产规模将趋于扩大；当 NRR 小于 1 时，人口再生产规模将趋于缩减；当 NRR 等于 1 时，人口处于零增长或静止人口状态。

（续表）

	1980—1985年	1985—1990年	1990—1995年	1995—2000年	2000—2005年	2005—2010年	2010—2015年	2015—2020年
北欧	1.80	1.85	1.80	1.70	1.66	1.85	1.84	1.75
北美	1.79	1.88	2.00	1.95	1.99	2.01	1.85	1.75

资料来源：联合国经济和社会事务部发布的《2019年世界人口展望》数据。

其中，东亚生育水平下降的过程最为剧烈。在1970年之前，东亚的总和生育率一直高于世界平均水平。但是在过去的半个世纪里，东亚的总和生育率下降了70%以上，已成为世界上总和生育率最低的地区之一。目前东亚五国中，除蒙古的总和生育率还较高外，其余东亚四国，即中国、日本、韩国和朝鲜的总和生育率均已低于人口更替水平。

二、日本的少子化困境

在东亚国家中，日本的生育水平最早开始下降。自1974年总和生育率下降到更替水平以下，日本进入少子化阶段已有近半个世纪的历史，目前深陷超少子化的困境，已成为世界上生育水平最低的国家之一。少子化是日本在现在和未来都不得不面对的巨大挑战。

长期的低生育水平给日本造成了巨大的影响。从2010年开始，日本的总人口已经连续10年出现绝对数量的下降。预计到21世纪中叶，日本的总人口将下降到1亿以下。日本的出生人数自1973年以来一直呈逐年减少的趋势，少年儿童人口比例不断下降，老年人口不断增加，人口年龄结构持续老化。日本总务省统计局2020年2月发布的人口推计月报数据显示，目前日本65岁及以上人口占总人口的28.6%，远高于世界平均的9.3%，而0～14岁少年儿童人口比重仅为12%，远低于世界平均的25.4%，呈现出典型的少子化与老龄化并行的特征。[1]

此外，长期的低生育水平还给日本社会造成了一系列问题，如劳动年龄人口减少、劳动者负担增加、市场规模缩小、经济增长持续低迷等，这些问题对日本的影响已波及政府、企业、个人等各个层面。出生率低下和少年儿童人口减少在日本成了受到广泛关注的社会性问题，引起了政府和社会各界的高度重视。

---

[1] 総務省統計局. 人口推計2020年（令和2年）2月報［EB/OL］.（2020-02-20）[2020-03-14]. https://www.stat.go.jp/data/jinsui/pdf/202002.pdf.

日本政府从1990年开始拉开了与少子化长期作战的序幕。此后的近30年间，日本政府制定并施行了一系列少子化对策，以遏制少子化的发展。值得注意的是，日本的总和生育率自2005年降至历史最低的1.26之后，出现了连续微增的迹象，于2016年回升至1.44。虽然目前日本仍处于超少子化阶段，但近十余年间总和生育率回升的原因，以及能否继续回升至更高水平、摆脱低生育率陷阱，已成为日本政府和学界共同关注的问题。

第二节 研究目的与意义

一、研究目的

第一，本研究旨在对日本少子化问题进行全面、系统、深入的研究。首先，本研究欲通过对长期历史数据和预测资料的整理和分析，全面地把握日本少子化的进程、现状和未来趋势。在此基础上，从人口、经济、社会文化三个层面系统地讨论日本少子化的成因和影响，从而揭示日本生育水平变化的规律和少子化对日本社会的巨大挑战。最后，本研究对日本少子化对策的发展脉络、组织体系、内容主线及对策效果进行分析，总结日本在应对少子化过程中的经验和教训，探讨日本未来生育率继续回升的可能性，为日本优化少子化对策提出建议。

第二，研究国外问题最终的落脚点一定是为中国应对类似的问题提供参考。本研究结合中国的人口数据，对中国的少子化进行判断和预测，对中日两国的少子化问题进行比较研究，从而揭示中国借鉴日本经验的可行性和吸取日本教训的必要性，并为中国应对少子化问题给出政策建议。

二、研究意义

（一）理论意义

第一，少子化作为人类发展史上前所未有的人口现象，已成为人口学界关注的重点课题之一。随着中国生育水平的下降，国家开始了新时代生育政策的调整和探索，国内学界关于少子化的理论研究也在不断深入发展。本研究在全面分析日本少子化问题的基础上，结合我国人口发展的进程与方向，在一定程度上体现了人口学的历史逻辑和时代价值。

第二，本研究较为全面、完整地回答了日本少子化的现象、成因、影响及应对等多个环节的问题，且在每一个环节都从多个层面和角度展开了深入的分析和讨论，形成一个较为系统、细致的分析框架，对后续少子化问题研究范式的发展具有一定的启发意义。

(二) 现实意义

日本政府开始实施少子化对策已有近 30 年的时间，对策出台越来越密集，覆盖面也越来越广。但是从日本近几年的人口形势来看，施策效果不尽如人意。现行少子化对策的合理性、有效性和优化路径越来越成为日本社会关注的焦点。本研究在全面把握日本少子化问题的基础上，提出了优化日本少子化对策的针对性建议，对日本的政策调整具有参考价值。

中日两国在地理上都属于东亚地区，是一衣带水的邻邦，在历史文化、家庭传统等方面有着诸多相似之处，且两国人口转变的总体模式十分相似，都经历了迅速的老龄化和生育率急剧下降的过程。另外，无论是老龄化还是少子化的进程，日本都要早于中国几十年发生，日本政府的应对政策也相应地早于中国。本研究指明中国在应对少子化问题上参考日本经验的可行性和吸取日本教训必要性，并提出中国的少子化对策设想，具有人为我用的实践意义。

第三节　研究综述

一、少子化成因和影响的相关研究

由于本研究的研究对象是一个特定国家的人口现象，那么有必要重点关注该国家学者对于本国人口现象的研究。日本人口学者中广泛使用的"少子化"，不仅指生育率下降，还指生育率长期或持续低于更替水平的状态，这在日本已达成一般共识。少子化这一概念一经提出，立刻成为日本学界关注的焦点，不只是人口学者，其他学科的学者也纷纷从不同的角度对少子化问题展开研究。日本著名学者大渊宽在 2004—2005 年间分别与三位学者共同编著了三本关于少子化的专著，分别是他与高桥重乡主编的《少子化的人口学》、与兼清弘之主编的《少子化的社会经济学》、与阿藤诚主编的《少子化的政策学》。这三本专著分别以不同的学科为主线，收录了众多日本学者从不同角度对本国少子化研究的成果，可谓日本少子化研究中前期的集大成之作。其中,《少子化的人口学》从人口学的视角系统定义了少子化,介绍了世界和日本的少子化形势,从婚姻、女性就业、男女关系变动、家庭变动等方面分析了少子化的成因,并讨论了少子化的未来和生育水平的下限等问题。

此外,日本国立社会保障·人口问题研究所主办的《人口问题研究》、日本内阁府经济社会综合研究所主办的《经济分析》等刊物先后多次发起少子化相关的专题研究,涌现了众多关于日本少子化的成因与影响的优秀学术成果。小池司朗(2009)利用日本人口迁移调查数据,对人口移动对生育的影响进行分析,认为移居到大都市圈的人比未移居者生育的子女数少;婚前移居到大都市圈的人比婚后移居者生育的子女数少,其原因在于移居者整体的学历和初婚年龄更高,而婚前移居者比婚后移居者更适应大都市圈的生活方式。[①] 佐藤一磨(2018)通过分析家庭面板调查中的就业数据得出结论:已婚男性家庭的出生率,在男性失业1年后开始被抑制,但这种抑制效果只有在低学历男性中显著,且失业的时间越长,对出生率的抑制效果越强烈。[②]

少子化并不是一个传统的人口学概念,而是日本面对本国人口形势的新特点创造的新词,直到近年日本的少子化逐渐成为现象级的问题,才开始逐渐被中国学者所接受和使用,国内学界对于日本少子化的直接研究也逐渐增多。董佳佳(2007)对日本家庭育儿费用支出进行了数量分析,认为育儿成本过高给日本家庭带来经济负担,进而导致日本女性的少育甚至不育,是日本少子化加重的首要原因。[③] 施锦芳(2012)指出少子化对日本的社会结构和经济模式产生了重大影响,日本政府的对策对提升婚内生育起到了一定的推动作用,但是缺乏对晚婚和终身不婚的应对措施,针对家庭和育儿的社会保障支出太少,今后日本政府应改革雇佣制度并导入育儿保险。[④] 权彤、郭娜(2015)从女性就业的视角分析了日本超少子化问题,认为日本女性广泛就业导致晚婚不婚现象增加,加剧了少子化

[①] 小池司朗. 人口移動と出生行動の関係について:初婚前における大都市圏への移動者を中心として [J]. 人口問題研究, 2009 (9):3-20.

[②] 佐藤一磨. 夫の失業は出産を抑制するのか [J]. 経済分析, 2018 (3):70-92.

[③] 董佳佳. 日本少子化的因素分析:家庭育儿支出对少子化的影响 [J]. 日本问题研究, 2007 (4):57-59;64.

[④] 施锦芳. 日本人口少子化问题研究 [J]. 日本研究, 2012 (1):20-26.

进程，同时少子化造成人力资源短缺，又需要提高女性劳动率，二者形成悖论。[1] 胡澎（2018）指出少子化的危害已成为日本国家发展道路上的最大阻碍，其深层社会根源是日本年轻一代人生观、价值观、婚恋观、生育观的变化，以及经济低迷导致的非正规就业增多，欲遏制少子化态势仅靠鼓励生育很难奏效。[2]

二、婚姻对少子化作用的相关研究

人类的生育过程都是通过特定时代的婚姻制度，并在特定的婚育观念支配下实现的，因此婚姻状况是影响生育最直接、最重要的因素之一。在对少子化问题的研究中，围绕婚姻对生育水平下降的作用机制是重要的视角之一。

Jones（2006）分析了亚太地区生育率下降的过程，认为延迟结婚是导致亚太地区生育率低下的主要原因，且亚太地区非自愿不婚不育的现象比西方国家更普遍，对延迟结婚和降低婚内生育率有很大影响。[3] 高山宪之等（2000）指出因结婚而脱离原生家庭导致失去育儿资源和居住服务也是结婚的一部分机会成本，未婚女性父母收入与已婚男性收入之比和女性的已婚比例之间存在很强的负相关。[4] 岩泽美帆（2002）指出日本20世纪七八十年代生育水平低下是由于20～39岁女性未婚率和结婚年龄的上升；进入20世纪90年代后又出现了婚内生育率下降的情况，导致生育水平进一步下降。堤静子（2009）通过对日本各都、道、府、县数据进行同批人分析，指出女性收入和男性收入会极大地影响终身未婚率和平均初婚年龄，但是对婚内生育率没有显著影响；女性收入越高的地区晚婚化的倾向越明显；住宅成本的上涨会导致婚内生育率下降。[5]

郭维明（2003）指出20世纪90年代以来，中国女性人口的平均初婚年龄缓慢上升，育龄妇女平均初育年龄在波动中小幅度上升，已婚育龄妇女的平均初婚初育间隔呈波动式扩大。[6] 高文力、梁颖（2011）分析比较了中国大陆、日本和

---

[1] 权彤，郭娜. 日本"超少子化"问题研究：基于女性就业的视角 [J]. 山西高等学校社会科学学报，2015，27（5）：35-38.

[2] 胡澎. 日本人口少子化的深层社会根源 [J]. 人民论坛，2018（21）：112-114.

[3] Jones G W. Delayed Marriage and Very Low Fertility in Pacific Asia [J]. Population and Development Review，2007，33（3）：453-478.

[4] 高山憲之，小川浩，吉田浩，等. 結婚・育児の経済コストと出生力-少子化の経済学的要因に関する一考察 [J]. 人口問題研究，2000（12）：1-18.

[5] 堤静子. 少子化要因としての未婚化・晩婚化：都道府県コーホートによる分析 [J]. 社会保障研究，2011，47（2）：159-174.

[6] 郭维明. 20世纪90年代我国婚育模式的初步分析 [J]. 人口学刊，2003（5）：18-21.

中国台湾地区已婚比例下降速度、总和生育率达到更替水平时已婚比例的异同，以及已婚比例变动对生育水平的影响，指出已婚比例下降已成为影响我国人口均衡发展的重要因素。[①] 闫玉、马学礼（2014）认为婚姻伦理观念影响人们的生育意愿与生育决策，我国婚姻伦理观念的变革已成为影响生育率的主要自发力之一。[②] 杨菊华（2015）借助有关生育的直接和间接影响因素理论，系统比较了近半个世纪中、日、韩、美的婚育行为，并对中国的经济、社会和文化环境与生育的关系进行了理论解析，结果表明中国人依旧普婚普育且相对而言早婚早育，判断中国已面临严峻的生育危机还为时尚早。[③] 邱红、赵腾腾（2017）利用寇尔生育指数模型分析了第二次世界大战后日本生育水平变化的规律，认为结婚率的下降和婚内生育率的下降交替主导日本生育水平下降的过程，目前结婚率下降对日本生育水平的消极作用已几乎释放完毕。[④]

不同时期的生育控制和婚姻结构对生育率的影响也是国内人口学界研究的热点之一。穆光宗（1994）在理论层面上分析了有关生育率下降的后果，建立了分析生育率下降过程的理论框架，提出了我国生育率下降及其后果研究的初步思路和基本假设，指出中国生育率下降机制具有独特性，是由强制力所主导的，目前正在不稳定的态势下逐渐完成生育率的转变，生育率下降机制正在由强制力主导型向自发力主导或诱导力主导型转变。[⑤] 郭志刚（2008）对低生育率类型的划分进行了综述，借鉴国外低生育因素模型对中国具体情况进行研究，认为推迟生育对总和生育率具有显著的抑制作用，性别偏好对生育率的影响方式已经从多生转向性别导向的人工流产，因而也会明显降低生育率，生育意愿已经明显低于更替水平，意味着恢复生育水平的潜力不足。[⑥] 杨成钢、张笑秋（2011）借助简化的邦戈茨中间变量模型围绕不同时期生育控制和婚姻结构对生育率的影响进行了分析，认为在生育水平下降的前期主要受生育控制的影响，后期则主要受婚姻结构的影响，近年中国婚姻结构和生育控制对生育率的影响大致相当，但婚姻结构的

[①] 高文力，梁颖. 关注婚姻状态变化对于生育水平的影响[J]. 人口与发展，2011，17（4）：82-88；100.

[②] 闫玉，马学礼. 生育率下降与婚姻伦理观念的变革[J]. 社会科学战线，2014（2）：178-181.

[③] 杨菊华. 中国真的已陷入生育危机了吗？[J]. 人口研究，2015，39（6）：44-61.

[④] 邱红，赵腾腾. 日本生育水平变化分析[J]. 人口学刊，2017，39（5）：94-102.

[⑤] 穆光宗. 中国生育率下降及其后果研究大纲[J]. 上海社会科学院学术季刊，1994（3）：131-139.

[⑥] 郭志刚. 中国的低生育水平及其影响因素[J]. 人口研究，2008（4）：1-12.

作用不断增强，将成为最主要的影响因素。[1] 饶歆林（2016）指出我国1990—2000年生育率的下降主要是由于生育控制的作用，而已婚比例在此期间有缓慢的回升；在2000—2010年生育率下降主要是生育控制与结婚的共同作用，但是由于已婚比例下降的贡献大于生育控制的贡献，生育率还是处于小幅下降的状态。[2]

三、少子化对策的相关研究

阿藤诚、赤地麻由子（2003）通过生育率和家庭政策的国际比较，认为日本少子化的最大特点是女性就业和育儿无法兼顾的矛盾，虽然在20世纪90年代导入了育儿休假制度，但是育儿休假实际上很难取得，政府强化保育服务的政策也未收到实效，大都市圈依然存在大量待机儿童,[3] 且日本对于育儿的经济援助是发达国家中财政投入最低的。[4] 大渊宽、阿藤诚（2005）系统地介绍了与少子化相关的人口政策体系，包括家庭政策、经济政策、劳动政策、土地政策、教育政策、性别平等政策、生殖健康政策等。[5] 伊达雄高、清水谷论（2005）从经济学的视角出发，通过对日本生育率的时间序列数据进行实证研究，指出20世纪70年代以来日本生育水平下降的主要原因在于未婚比例的上升和晚婚晚育的盛行，并讨论了现有的政策体系，认为在生育、育儿和女性就业等方面导入阻止生育率下降的政策至关重要。[6] 高桥重乡（2008）整理了"超少子化和家庭社会的变迁"厚生政策研讨会的讨论内容，结合欧洲的经验，总结出16条鼓励生育的政策建议，主要围绕促进个人和育儿家庭的福利、为新生儿提供优越的经济社会环境、协调亲子关系、构建工作和生活能够兼顾的社会等几个方面展开。[7] 增田干

---

[1] 杨成钢，张笑秋. 中国婚姻结构与生育控制对生育水平的影响分析：基于简化的邦戈茨中间变量生育率模型 [J]. 人口学刊，2011（2）：14-20.

[2] 饶歆林. 结婚与生育控制在我国生育率下降过程中的作用：基于寇尔指数的研究 [J]. 人口·社会·法制研究，2016（Z2）：10-14.

[3] 注：日本把需要进入保育所，但由于设施和人手不足等原因只能在家排队等待保育所空位的幼儿（0~6岁），称为待机儿童。

[4] 阿藤誠，赤地麻由子. 日本の少子化と家族政策：国際比較の視点から [J]. 人口問題研究，2003（3）：27-48.

[5] 大淵寛，阿藤誠. 少子化の政策学 [M]. 東京：原書房，2005.

[6] 伊達雄高，清水谷論. 日本の出生率低下の要因分析：実証研究のサーベイと政策的含意の検討 [J]. 経済分析，2005（6）：93-135.

[7] 高橋重郷. 超少子化と家庭・社会の変容：セミナーの概要とパネルディスカッション [J]. 人口問題研究，2008（6）：1-9.

人（2012）通过构建宏观经济模型对日本针对少子化的家庭政策和劳动政策进行了分析，表明保育所定员数的增加和劳动时间的缩短等政策对提高日本的生育率具有正向的影响，但仅靠这两点无法将日本的总和生育率恢复至更替水平。[①] 随着少子化的深入发展，人口负增长成为日本的基本国情，在此背景下，大渊宽和高桥重乡在2015年共同编著了《人口减少与少子化对策》一书，分析了日本少子化对策在人口减少社会的有效性和在未来调整完善的可能性。[②]

西方学者对少子化对策的研究多是从家庭支持政策或家庭友好政策的角度展开。Frejka 和 Sardon（2004）在其著作中采用历史同批人分析的方法对1950年以来35个国家的人口数据进行了详细分析，认为低生育率问题在可预见的未来仍将持续，并从改革社会保障制度、医疗制度、税收方案和移民政策等方面讨论了提高生育率的有效措施。[③] Mcdonald（2006）对总和生育率低于1.5的30个国家进行了分析，认为当生育水平适度低于更替水平时，可以通过移民等措施来抵消低生育率的影响，如果生育水平进一步降低，则很难抵消其负面影响，并提出总和生育率的"安全区"为1.5以上。[④] Boling（2008）分析了日本和法国生育水平下降的原因，并比较了两国的家庭政策，认为二者有相似之处，但由于这些政策在日本社会具有无效性，导致日本的总和生育率远远低于法国，其原因在于日本社会要求父母付出高昂的机会成本，女性为了生育而中断职业生涯，男性参与家庭的时间极少，此外，根深蒂固的传统性别观念和年轻人不易找到好工作也是日本家庭政策无效的原因。[⑤] Olivier Thevenon（2011）结合家庭友好政策对生育率影响的调查，分析了近年来欧洲和经合组织国家生育率的变动趋势，指出家庭友好政策对生育水平产生了一定的影响，但经济效益、就业情况也是影响出生率的关键因素。[⑥] Magdalena Rkas（2016）在其文章中介绍了家庭政策的概

[①] 増田幹人．マクロ経済モデルによる家族・労働政策が出生率に及ぼす効果の分析 [J]．人口問題研究，2012（3）：14-33．

[②] 高橋重郷，大淵寛．人口減少と少子化対策 [M]．東京：原書房，2015．

[③] FREJKA T, SARDON J P. Childbearing Trends and Prospects in Low-Fertility Countries: A Cohort Analysis [M]. Berlin: Springer Netherlands, 2004: 396-398.

[④] MCDONALD P. Low Fertility and the State: The Efficacy of Policy [J]. Population and Development Review, 2006, 32 (3): 485-510.

[⑤] BOLING P. Demography, Culture, and Policy: Understanding Japan's Low Fertility [J]. Population and Development Review, 2008, 34 (2): 307-326.

[⑥] THEVENON, O, Anne H. Gauthier. Family policies in developed countries: a 'fertility-booster' with side-effects [J]. Community Work&Family, 2011, 14 (2): 197-216.

念、目标、手段及其适用性，以儿童税收抵免为例，分析了造成低生育率现象的原因，指出了调整税收政策鼓励生育能够带来的积极影响。① Kreyenfeld（2016）基于大量原始数据，运用数理统计和计量经济分析方法，研究了欧洲各国的社会经济和社会政策差异，指出家庭政策、机构设置、性别平等方面的差异共同影响了生育率。②

随着日本少子化对策的不断发展丰富，国内学者对日本少子化对策的研究也在逐渐增多。胡澎（2004）介绍了日本鼓励生育政策和促进女性就业政策出台的背景，指出二者之间存在矛盾，导致鼓励女性工作和育儿兼顾的政策脱离实际，可操作性低下，解决这一矛盾的根本在于提高女性的社会地位，改革传统性别分工的社会结构。③ 汤梦君（2013）对新加坡、日本、韩国和中国台湾地区人口政策调整的动因、过程、特点和效果进行了分析，归纳了影响人口政策调整成败的相关因素，并将中国与这些国家和地区政策调整时期的社会经济与人口指标进行对比，鉴于中国还存在着维持现有生育水平的因素，建议加快生育政策完善步伐，渐进式改革以控制人口增长为目标的各项配套政策，以使生育率保持在合理水平。④ 梁颖（2014）指出日本年轻人晚婚、不婚，晚育、不育是导致少子化的直接原因，其背后存在着经济、社会等诸多深层原因，并梳理了日本应对少子化的对策演变过程及新动向，认为现有的少子化对策与日本既有的体制相矛盾，如果不进行税制、社会保障和社会结构的彻底改革，少子化对策则很难奏效。⑤ 田庆立（2014）总结了日本应对少子化的主要对策，认为加强育儿相关立法、增大育儿政策扶持力度、实施少子化重点战略等做法对中国制定长远的人口政策具有启示意义。⑥ 王伟（2019）指出日本目前深陷"低生育率陷阱"，其应对政策在减缓少子化进程和人口减少势头方面收到了一定效果，但存在对少子化问题的严重性认识不足、采取应对政策的时机过晚、制定政策的魄力和精准度欠缺、实行

---

① RKAS M. Relief for children as an Instrument of Family Policy and Low Fertility in Poland [J]. Uniwersytet Ekonomiczny we Wroc awiu，2016：360-373.
② KREYENFELD M. Jonas Wood：Essays on Socio-Economic Differentiation in European Fertility—The Impact of Economic Context and Social Policy [J]. European Journal of Population，2016，32（4）：1-2.
③ 胡澎. 日本在鼓励生育与促进妇女就业上的政策与措施 [J]. 日本学刊，2004（06）：126-140.
④ 汤梦君. 中国生育政策的选择：基于东亚、东南亚地区的经验 [J]. 人口研究，2013，37（6）：77-90.
⑤ 梁颖. 日本的少子化原因分析及其对策的衍变 [J]. 人口学刊，2014，36（2）：91-103.
⑥ 田庆立. 日本的少子化问题及其应对之策 [J]. 社科纵横，2014，29（6）：99-101.

政策的力度不够等问题，离遏制少子化的目标还相差甚远。①丁英顺（2019）回顾了日本生育水平下降和开展政策应对的过程，认为低欲望社会的发展和经济状况恶化导致青年男女不愿结婚，日本政府在应对过程中存在主管部门不稳定、财政投入有限和性别平等意识欠缺等问题。②

四、后人口转变的相关研究

传统的人口转变模型被广泛地应用于早期生育水平下降的研究中，很好地解释了总和生育率由高水平下降至更替水平的过程。但随着少子化问题的出现，传统人口转变理论对生育水平继续下降现象的解释力变弱，于是越来越多的学者开始使用后人口转变理论分析少子化阶段生育水平的变化。

人口转变理论最早在20世纪80年代初出现在我国学界的研究中。周希璋（1983）指出我国人口转变不同于发达国家的两个特点，一是人口死亡率和出生率下降很快，二是我国在经济落后的情况下实现了人口转变。③洪英芳（1985）介绍了现代世界人口转变的三阶段理论，分析了部分国家和地区人口转变的历程和起始的主要标志，将现代世界人口转变划分为自行控制的自然转变和人为控制的加速转变两种基本形态。④邬沧萍、杜亚军（1986）指出我国计划生育政策的作用在于因势利导，加速生育率的下降，而不是强制生育率转变，因此中国生育率下降并没有违反人口转变的一般规律。⑤朱国宏（1989）介绍了布莱克和寇尔的"五段式"人口转变理论，并以此分析中国的人口转变历程，提出了分为加速增长、匀速增长、减速增长和波动增长四阶段的"中国模式"，而中国人口出生率下降至20‰左右开始出现波动的根本原因是人口政策缺乏现代化基础。⑥杨子慧（1998）指出自发式人口转变出现在早期的发达国家，诱导式人口转变大多出现在20世纪中期的发展中国家，而"三结合"是具有中国特色的介于二者之间的第三种人口转变途径。⑦

由于传统的人口转变理论认为生育率降低并稳定在更替水平就意味着人口转

---

① 王伟．日本少子化进程与政策应对评析［J］．日本学刊，2019（1）：117-135．
② 丁英顺．日本应对低生育政策再探讨［J］．东北亚学刊，2019（2）：133-143；152．
③ 周希璋．我国人口再生产类型的转变［J］．人口研究，1983（6）：13-18．
④ 洪英芳．论现代人口转变及其两种基本形态［J］．人口与经济，1985（6）：53-57．
⑤ 邬沧萍，杜亚军．我国人口转变与人口政策之间的关系［J］．南方人口，1986（1）：1-4．
⑥ 朱国宏．人口转变论：中国模式的描述和比较［J］．人口与经济，1989（2）：31-38．
⑦ 杨子慧．"三结合"：人口转变的第三种途径［J］．人口研究，1998（5）：63-68．

变的结束，而这一理论无法解释自 20 世纪 60 年代开始西北欧国家生育水平持续低于更替水平并出现人口负增长的现象，荷兰学者范德卡（D. J. Van de Kaa）和比利时学者莱赫特（R. Lesthaeghe）从 1986 年开始发表了一系列文章，提出并详述了"欧洲第二次人口转变"的理论。① 范德卡（1994）指出第二次人口转变的特点在于由婚姻转向非婚同居、由以孩子为中心转向以伴侣为中心、由预防性避孕转向自我避孕、由核心家庭转向多元化家庭，并且认为在第二次人口转变中生育水平会进一步降低。②

在 21 世纪初，国内学界曾出现一波关于"后人口转变"的激烈讨论。于学军（2000，2001）认为中国人口在世纪之交实现了阶段性的突破，已经完成了传统意义上的人口转变，进入了"后人口转变期"。③④ 李建民（2000）认为中国的人口转变在 20 世纪 90 年代末已经结束，提出后人口转变论，试图从理论高度突破传统的人口转变理论，建立涵容性更强的人口长期发展理论框架。⑤ 而李建新（2000）、叶明德（2001）等认为中国的社会经济发展基础薄弱，难以断言中国的人口转变已经完成。⑥⑦ 朱国宏（2001）则认为中国刚刚进入"后人口转变时期"，但是"后人口转变论"能否成为一种理论需要进一步探讨。⑧ 虽然对于后人口转变期的具体界定尚存在一些争议，但这一概念逐渐为国内学者所接受和使用。

日本学界对后人口转变的研究较为细致，且更集中于对未来人口动向和少子化的新特征等层面的探讨。佐藤龙三郎和金子隆一（2015）在"后人口转变期的日本"系列研究中，结合日本近半个世纪以来各项人口学指标的变动情况，重新讨论了"后人口转变期"和"第二次人口转变的概念"，指出日本由传统的人口转变向第二次人口转变的过渡是在 20 世纪 70 年代后半段到 21 世纪初之间完成

---

① 李玉柱. 低生育水平地区生育观念和生育行为分析：来自江苏五县的调查 [D]. 北京：中国社会科学院研究生院，2011.

② Van de Kaa DJ. The second demographic transition revisited: theories and expectations. [J]. Nidi/cbgs Publication，1994.

③ 于学军. 中国进入"后人口转变"时期 [J]. 中国人口科学，2000（2）：8-15.

④ 于学军. 再论"中国进入后人口转变时期"[J]. 中国人口科学，2001（3）：54-59.

⑤ 李建民. 后人口转变论 [J]. 人口研究，2000（4）：9-13.

⑥ 李建新. "后人口转变论"质疑：兼与于学军、李建民博士商榷 [J]. 人口研究，2000（6）：1-7.

⑦ 叶明德. 对"中国进入后人口转变时期"的质疑 [J]. 中国人口科学，2001（1）：32-37.

⑧ 朱国宏. 关于"后人口转变" [J]. 中国人口科学，2001（3）：60-65.

的，并从经济、文化、思想、政治等视点全面比较了日本社会在人口转变期和后人口转变期的不同特征。①② 岩泽美帆（2015）运用古典的生育力转变理论分析日本的超少子化现象，结合后人口转变期西方社会的新变化讨论了未来生育率上升或进一步降低的可能性，指出导致发达国家出现超低生育率是多数人追求更加自由舒适的生活的结果，过去的个人生活需要婚姻和家庭的支撑，但随着公共服务和市场的完备，婚姻和家庭的功能已非必要，在这种情况下，生育水平回升的可能性极小。③

第四节 研究设计

一、研究思路与研究框架

本研究的核心内容是日本的少子化问题，包括日本少子化的进程、现状、未来趋势、成因、影响、少子化对策及其优化路径，最终目的是为中国应对少子化问题提供经验借鉴。研究思路（见图1.1）是在理论研究和基础研究的基础上对现实问题展开研究，最终形成结论和政策建议。

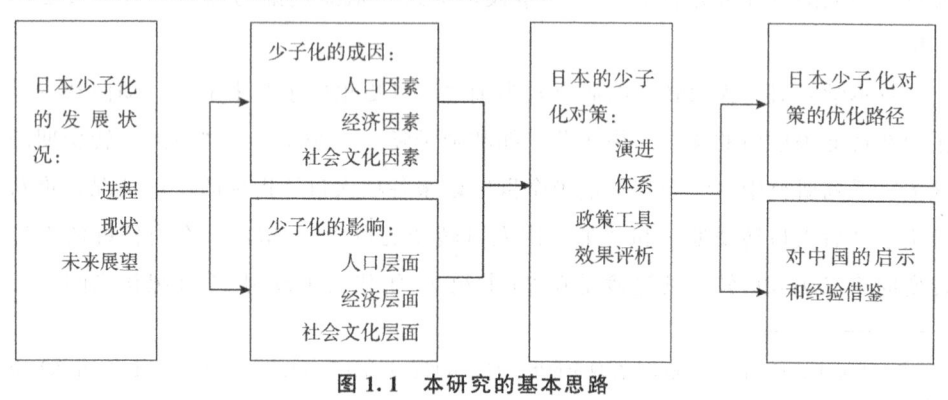

图1.1 本研究的基本思路

具体而言，本研究的研究思路体现在研究内容的整体框架设计中（见图

---

① 佐藤龍三郎，金子隆一.ポスト人口転換期の日本：その概念と指標[J].人口問題研究，2015(6)：65-85.

② 佐藤龍三郎，金子隆一.ポスト人口転換期の日本：その含意[J].人口問題研究，2015(12)：305-325.

③ 岩澤美帆.「ポスト人口転換期」の出生動向：少子化の経緯と展望[J].人口問題研究，2015(6)：86-101.

1.2)。本研究可以概括为三个部分,共八个章节。

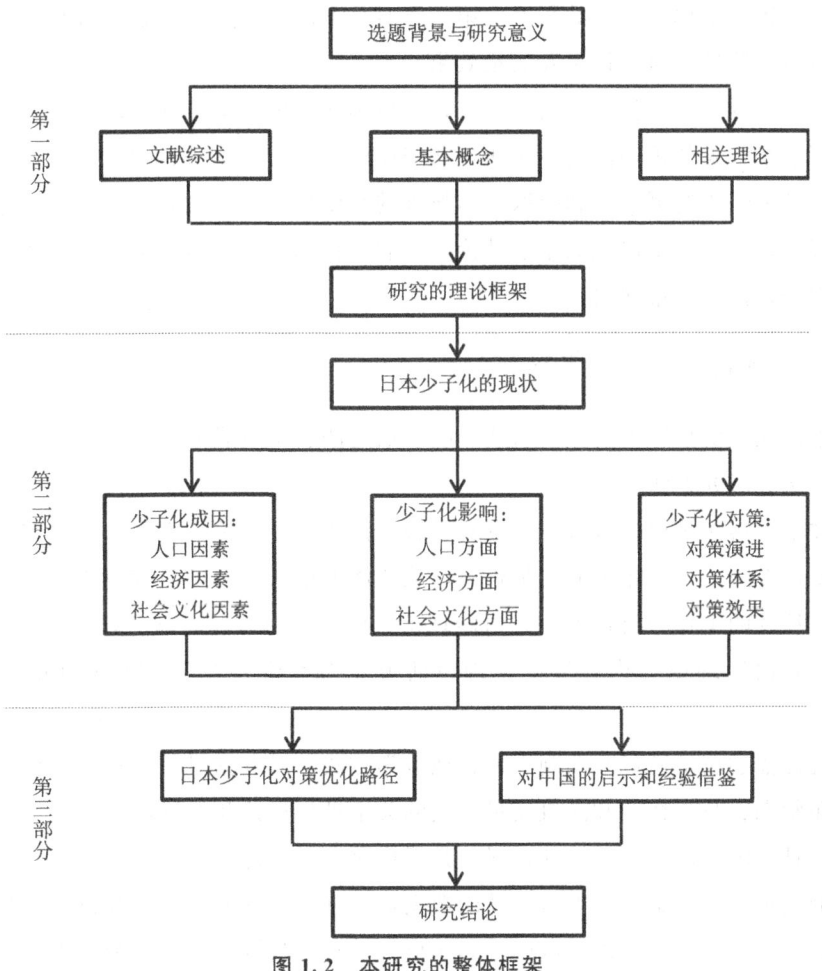

```
                    ┌─────────────────┐
                    │ 选题背景与研究意义 │
                    └─────────────────┘
                      ↓      ↓      ↓
第一    ┌────────┐ ┌────────┐ ┌────────┐
部分    │ 文献综述 │ │ 基本概念 │ │ 相关理论 │
        └────────┘ └────────┘ └────────┘
                      ↓      ↓      ↓
                  ┌─────────────┐
                  │ 研究的理论框架 │
                  └─────────────┘
─────────────────────────────────────────
                  ┌─────────────┐
                  │ 日本少子化的现状 │
                  └─────────────┘
                      ↓      ↓      ↓
第二   ┌─────────┐ ┌─────────┐ ┌─────────┐
部分   │少子化成因:│ │少子化影响:│ │少子化对策:│
       │ 人口因素 │ │ 人口方面 │ │ 对策演进 │
       │ 经济因素 │ │ 经济方面 │ │ 对策体系 │
       │社会文化因素│ │社会文化方面│ │ 对策效果 │
       └─────────┘ └─────────┘ └─────────┘
─────────────────────────────────────────
             ↓                      ↓
第三  ┌──────────────┐    ┌──────────────┐
部分  │日本少子化对策优化路径│    │ 对中国的启示和经验借鉴 │
      └──────────────┘    └──────────────┘
                      ↓
                  ┌────────┐
                  │ 研究结论 │
                  └────────┘
```

图 1.2　本研究的整体框架

第一部分属于基础研究与理论研究,即本研究的第一章和第二章。

第一章包括本研究的研究背景、研究目的与研究意义,对已有研究进行文献综述,交代本研究的研究方法并指出本研究的创新与不足。第二章是基本概念与主要理论,界定了本研究中使用的生育、婚姻及少子化的相关概念,并重点论述了生育分析理论、人口转变理论、中介变量理论等主要理论。

第二部分是本研究的核心内容,包括本研究的第三、四、五、六章。

第三章结合日本"二战"后的长期人口统计资料和人口预测资料,分析日本少子化的历史进程、现状及未来展望。第四章从人口因素、经济因素和社会文化因素三个角度出发，分析日本少子化的成因。第五章从人口、经济和社会文化三个层面分析少子化对日本的影响。第六章对日本的少子化对策进行评析，包括少子化对策的演进、对策体系及对策效果。

第三部分是经验借鉴和对策建议，对应本研究的第七章和第八章。

第七章首先分析中国的少子化现状与展望，并与日本进行比较分析，阐述中国借鉴日本经验的可行性和吸取日本教训的必要性。第八章是本研究的结论和对策建议，首先总结本研究的主要结论，然后对日本少子化对策的路径优化和中国应对少子化提出对策建议。

二、研究方法与技术路线

本研究主要采用了文献资料法、统计描述法、定量研究法、比较研究法和经验总结法等研究方法。

文献资料法是通过查阅文献资料了解、证明研究对象的方法。本研究根据研究需要，查阅了大量相关的文献资料，从整体上把握现有的研究成果。同时，对本研究涉及的生育分析理论、人口转理论、中介变量理论、现代增长理论、"低生育率陷阱"理论等内容展开了理论研究，为本研究奠定了理论基础与分析框架。

统计描述法是通过绘图制表或其他数学方法，对数据进行整理、分析，并对其分布状态、数学特征和随机变量之间的关系进行估计和描述的方法。本研究收集了中日两国长期的人口统计资料，并根据研究需要进行加工、整理，对少子化相关的大量生育、婚姻、人口变动的数据资料进行统计描述，为分析少子化的进程、现状、未来趋势，以及成因、影响提供丰富的数据支持，并为日本少子化对策优化路径和对中国的经验借鉴研究提供依据。

定量研究法是利用数学工具对研究对象进行量化研究的方法。本研究对日本少子化产生的深层原因、少子化的影响和少子化对策的评析进行了定量研究，主要包括寇尔生育指数分析、历史增长核算模型分析和政策工具分析等。

比较研究法是根据一定的标准，对复数的有联系的事物或现象进行考察，寻找其异同，探求普遍规律或特殊规律的研究方法。本研究对中日少子化的异同进行了比较，明确了中国在少子化的应对方面借鉴日本经验的可行性和吸取日本教训的必要性。

经验总结法是对实践活动中的具体情况进行归纳与分析，使其理论化、系统化，最终上升为经验的一种方法。本研究对各章节的研究结果进行了总结、归纳，形成研究结论，并根据结论为日本少子化对策的路径优化和中国应对少子化的展望提出了科学合理的对策建议。

本研究的技术路线是围绕研究的主线，在相关的数据和理论支撑下，通过适当的方法对相应的操作环节展开研究。具体的技术路线如图1.3所示。

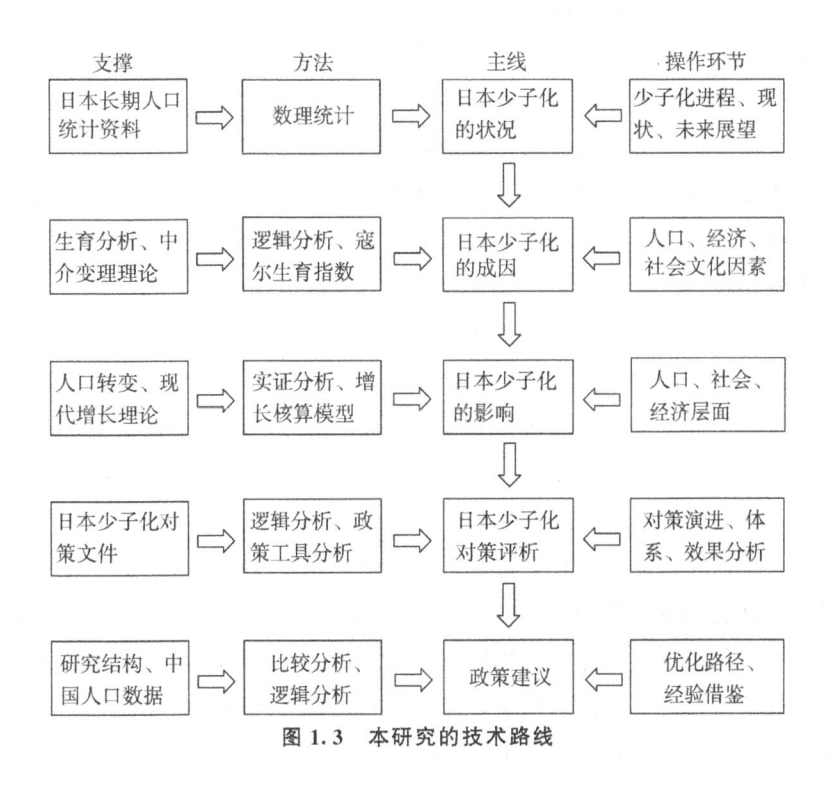

支撑	方法	主线	操作环节
日本长期人口统计资料	数理统计	日本少子化的状况	少子化进程、现状、未来展望
生育分析、中介变理理论	逻辑分析、寇尔生育指数	日本少子化的成因	人口、经济、社会文化因素
人口转变、现代增长理论	实证分析、增长核算模型	日本少子化的影响	人口、社会、经济层面
日本少子化对策文件	逻辑分析、政策工具分析	日本少子化对策评析	对策演进、体系、效果分析
研究结构、中国人口数据	比较分析、逻辑分析	政策建议	优化路径、经验借鉴

图1.3 本研究的技术路线

第五节 创新与不足

一、创新之处

第一，研究视野方面的创新。目前国内对于日本少子化问题的研究多是针对少子化的某个要素，或少子化对某一方面的影响展开，内容较为庞杂，且缺乏系统性。本研究在日本少子化持续半个世纪、少子化对策实施30年之际，对日本少子化的缘起、发展和后果进行了全景分析，从人口学视角出发，结合经济学、社会学、管理学等多学科的理论和方法，对日本的少子化问题和少子化对策展开研究，具有一定的全面性和系统性。

第二，研究方法应用的创新。本研究在少子化影响的研究中改进了历史增长核算模型，将少子化对经济的影响从人口年龄结构中分离出来并加以单独分析；在少子化对策的研究中，将政策工具的分析方法纳入少子化对策的研究范式，构建了政策工具和生育全过程的二维分析框架，对日本少子化对策进行了量化的分析。

第三，研究框架方面的创新。本研究以日本少子化问题整体为研究对象，分析了日本少子化发生、发展的全过程，从人口、经济、社会文化三个层面讨论了日本少子化的成因和影响。同时，对日本的少子化对策展开全面的评析，将其体系归纳为顶层设计、政策框架、综合应对、具体施策四个层次和经济援助、支援生育和育儿、改革工作方式三条主线；将日本少子化对策的演进历程划分为计划筹备、全面开展、调整深化三个阶段。综上，本研究形成一个较为系统、细致的分析框架，对后续少子化问题研究范式的发展具有一定的参考价值。

二、不足之处

第一，本研究旨在从宏观上把握日本少子化发展脉络，揭示少子化变化规律及其对经济社会的重大影响，从而为中日两国应对少子化问题提供启示和建议，因此本研究多使用日本官方权威数据在宏观层面进行分析，而对日本近几年民间或媒体调查所得微观数据使用较少，无调查和访谈等性质的研究内容。在微观层面的分析，特别是针对日本生育水平下降的影响因素等方面微观数据的定量分析有待进一步深入研究。

第二，日本社会生态较为复杂，随着社会的发展和少子化问题进一步研究细化的需要，相关研究有待加强。

第二章 基本概念与主要理论

欲对日本的少子化问题展开研究，必须对相关的概念和理论进行全面的掌握和深入的分析理解。本章首先对相关的基本概念进行明确的界定，包括生育的相关概念、婚姻的相关概念和少子化的相关概念等。在此基础上，对少子化问题背后涉及的主要理论进行介绍和研究，包括生育分析理论、人口转变理论、中介变量理论、"低生育率陷阱"理论、相关的经济学理论等，以此为后续的研究提供坚实的理论基础。

第一节 基本概念

少子化是本研究的核心概念，而少子化对策是本研究后续章节中涉及的重要概念。少子化是一个动态的人口学概念，涉及诸多人口指标，而少子化对策是少子化的衍生概念。因此，只有在厘清一系列相关的生育、婚姻、人口结构等方面的人口学基本概念的基础上，才能对少子化和少子化对策的概念进行界定。

一、生育的相关概念

生育是制约人口变动的重要人口学因素，而生育水平会对未来的人口规模和人口结构产生直接的影响。[1] 生育行为和生育水平是少子化问题的直接影响因素。研究和分析少子化问题，首先要了解和掌握各种生育的相关概念。

（一）出生率和生育率

出生率（birth rate），是使用非常普遍的一项生育指标，指一定时期内出生的人数与同一时期总人口数之比，一般以千分数表示，计算公式为：出生率＝年

---

[1] 尹豪．人口学导论［M］．北京：中国人口出版社，2006：92．

出生人数/年平均人数×1000‰。由于出生率通常是按总人口计算的，因此也称为总出生率或粗出生率（crude birth rate，CBR）。[①] 出生率是衡量少子化的直接指标之一，可以反映一定时期内的生育水平。比如，根据中国国家统计局的年度数据，2018年中国的人口出生率为10.94‰，这表示当年中国每1 000人对应的出生人数约为11人。世界各个国家和地区的人口出生率差别很大，但目前总体上都呈下降的趋势。

生育率（fertility rate），是指按一定性别和一定年龄计算的每千人所生育的活婴数。与出生率指标按总人口数计算不同，生育率指标是按育龄妇女数计算的。育龄妇女的界定通常以15~49岁为准，因此生育率指标的计算不包括男性人口，也不包括15岁以下和50岁及以上的女性人口。根据研究需要的不同，生育率还可以细分为一般生育率、总和生育率、年龄别生育率、终身生育率、累计生育率等多种更具体的生育率指标。

（二）年龄别生育率

年龄别生育率（age-specific fertility rate）是一定时期内（通常为1年内）平均每千名某年龄组育龄妇女中出生人数的比率，即按育龄妇女年龄别计算的生育率，也可简称为按龄生育率。[②] 随着育龄妇女年龄的变化，其生育水平会产生很大的差异，因此在研究和分析育龄妇女生育行为和生育水平时，广泛地使用年龄别生育率指标。年龄别生育率还可以用来间接地计算其他多项生育率指标。

年龄别生育率的计算通常以5岁作为育龄妇女年龄组组距，也可以按各岁育龄妇女计算，因此可以明确地反映不同年龄组育龄妇女生育水平的差异。例如，根据2015年全国1％人口抽样调查的数据，中国20~24岁年龄组妇女的生育率为54.96‰，20岁妇女的生育率为27.57‰，这表示2015年中国每1 000名20~24岁的妇女生育约55个活婴，每1 000名20岁妇女生育约28个活婴。

（三）总和生育率

总和生育率（total fertility rate，TFR），是指一定时期内（通常为某一年）各个分年龄组妇女生育率之和，即总和生育率＝Σ育龄妇女分年龄组生育率。[③] 年龄组组距通常为5，也可以使用各岁育龄妇女生育率。总和生育率是最具代表性的生育率指标之一，可以综合地反映整体的生育水平，因此应用非常广泛，是

[①] 尹豪. 人口学导论 [M]. 北京：中国人口出版社，2006：92.
[②] 吴忠观. 人口科学辞典 [M]. 成都：西南财经大学出版社，1997.
[③] 王晓峰. 人口统计学 [M]. 北京：中央广播电视大学出版社，2011：26.

生育分析中最重要的指标之一。总和生育率的基本计算公式为：

$$TFR = \sum_{x=15}^{49} f_k(x) = \sum_{x=15}^{49} \frac{B_k(x)}{W_k(x)} \qquad (式2.1)$$

式中，$f_k(x)$ 为 k 年 x 岁妇女的年龄别生育率，$B_k(x)$ 为 k 年 x 岁妇女的生育人数，$W_K(x)$ 为 k 年 x 岁妇女的人数。[①]

从计算方法可以看出，总和生育率是一个同期人的合成指标。它并非一个育龄妇女人口一生生育的真实子女数，而是表示按某一时期的年龄别生育率和生育水平条件下，一个妇女一生可能生育的子女数。例如，2015年日本国势调查数据显示，2015年日本的总和生育率为1.45，这表示，如果日本全国的育龄妇女都按照2015年日本的年龄别生育率进行生育，则在15~49岁的整个育龄期间每个妇女将生育1.45个子女。

（四）更替水平

更替水平（replacement level），是分析和衡量生育水平的重要指标值，它指的是足以维持人口世代更新、人口规模不增不减的生育率水平。具体地说，以净再生产率为1时的生育率水平作为更替水平，即同一批妇女生育子女的数量恰好能替代她们本身及其伴侣，总人口维持不增不减，这时的生育率称为更替水平生育率（replacement level fertility）。一般用总和生育率来表示更替水平生育率。[②]

更替水平并不是一个固定不变的指标，从长期来看，随着科技进步和医疗、生活水平的提高，人类的更替水平经历了缓慢下降的过程。目前，在大多数国家总和生育率为2.1~2.3时，即被认为是达到了更替水平，很多发达国家的更替水平已经低于2.1。从长期来看，如果总和生育率持续高于更替水平，则该人口将保持增长；相反，如果总和生育率持续低于更替水平，则该人口将面临负增长。

（五）完全生育率

完全生育率（completed fertility rate，CFR），属于同批人指标，是指一批结束生育期的同龄妇女平均一生所生育的子女数，也称为终身生育率（life-time fertility rate）。完全生育率不受育龄妇女年龄结构的影响，在实际计算时通常以妇女的育龄期（15~49岁）为准。比如，根据1988年全国2‰生育节育抽样调

[①] 邹文慧. 基于模型平均的中国总和生育率估计[D]. 天津：天津财经大学，2017：9.
[②] 尹豪. 人口学导论[M]. 北京：中国人口出版社，2006：99.

查数据，中国1939年出生的妇女在达到49岁时的完全生育率为4.68，这表示1939年出生的妇女一生平均生育4.68个子女。

在现实中，完全生育率的数据不易获得，因为无法在某一同批人妇女没有结束其育龄期时真正计算其完全生育率。此外，即便是对于已经结束育龄期的某一同批人妇女，也需要根据长期一贯的年龄别生育率的面板数据，才能计算其完全生育率。完全生育率指标对于研究中长期生育水平的变动具有重要的意义，同时在人口预测中具有重要的应用价值，如日本国立社会保障与人口问题研究所的人口预测，就是以队列要素法为基础，利用历史出生同批人的完全生育率数据对预测所需的多项参数进行推算。

二、婚姻的相关概念

人类的生育过程都是通过特定时代的婚姻制度，并在特定的婚育观念支配下实现的，因此婚姻状况是影响生育最直接、最重要的因素之一。日本是一个普婚制的国家，且婚外生育的比例很低，因此研究和分析日本的少子化问题，必须先厘清与婚姻相关的基本概念。

（一）结婚件数和结婚率

结婚件数和结婚率是婚姻最基本的指标，可以直观地反映婚姻状况。结婚件数即为在一定时期内（通常是一年）发生的婚姻事件的总数，又称为结婚对数。结婚率是一定时期内（通常是一年）的结婚人数与同期总人口数的比率，表明结婚频繁的程度。[1] 结婚率在实际计算时通常采用一年内的结婚件数与当年的年平均人口数之比，习惯上用千分数表示。比如，根据日本国立社会保障与人口问题研究所人口统计资料集（2019）的数据，日本2017年的结婚件数为60.9万件，结婚率为4.9‰，[2] 这表示当年日本共有60.9万对新人（121.8万人）结婚，每1 000中共有约5对新人在当年结婚。

（二）平均初婚年龄和晚婚化

平均初婚年龄是对初次结婚者年龄的平均，一般需要按性别分开计算。平均

---

[1] 何盛明. 财经大辞典 [M]. 北京：中国财政经济出版社，1990.
[2] 国立社会保障・人口問題研究所. 人口統計資料集 2019年版 [EB/OL]. [2020-01-03]. http://www.ipss.go.jp/syoushika/tohkei/Popular/Popular2019.asp?chap=6&title1=%87Y%81D%8C%8B%8D%A5%81E%97%A3%8D%A5%81E%94z%8B%F4%8A%D6%8CW%95%CA%90l%8C%FB.

初婚年龄是研究婚姻状况的重要统计指标之一。一般而言，结婚，尤其是初婚是育龄妇女开始生育行为的前提，因此研究初婚年龄，特别是女性初婚年龄的变化，对于分析婚姻与生育趋势具有重要的意义。①

根据研究需要的不同，平均初婚年龄可以分为同期人平均初婚年龄和同批人平均初婚年龄两种。同期人平均初婚年龄即为某一时期（通常为1年）初次结婚者年龄的平均，计算较为简便，因此被广泛地应用。反映初婚年龄变化的年度数据一般都是同期人平均初婚年龄。同批人平均初婚年龄即为某一出生同批人初次结婚时年龄的平均，其计算方法相对复杂，需要通过将该组同批人在不同年龄段的结婚率进行加权平均而求得。②

随着人类社会的发展，平均受教育年限增长等因素导致平均初婚年龄呈上升的趋势，这种趋势即为晚婚化。

（三）终身未婚率和非婚化

未婚是指到达结婚年龄而由于某些原因尚未结婚，某一年龄（或年龄组）未婚人口数与该年龄（或年龄组）总人口数的比值即为该年龄（或年龄组）的未婚率。终身未婚是未婚的特殊形式，通常女性超过育龄期而尚未结婚，则视为终身未婚。男性终身未婚行为的衡量往往也参照这一标准。③ 在不考虑婚外生育的前提下，一批女性的终身未婚行为意味着其完全生育率为0。因此，研究其终身未婚率的变化对分析其生育行为和生育水平具有重要的意义。

终身未婚率的计算方法主要有两种：一种是计算一个人口中年满50岁而未婚的人口数与该人口年满50岁的全部人口数之比，用千分数表示；另一种是由45～49岁年龄组和50～54岁年龄组人口未婚率的平均值算出。本研究所使用的终身未婚率数据均采用后者。

影响终身未婚率的因素有很多，其中社会、经济、文化因素是主要因素。社会、经济发展水平的变化使人们的婚姻观念也发生变化，导致终身未婚率呈现上升的趋势。这种趋势即为非婚化。

（四）婚内生育率和初婚初育间隔

婚内生育率（marital fertility rate，MFR）和初婚初育间隔是研究和分析婚

---

① 李永胜. 人口统计学 [M]. 成都：西南财经大学出版社，2002：258.

② 堤静子. 少子化要因としての未婚・晩婚化：都道府県コーホートによる分析 [J]. 社会保障研究，2011（9）：159-174.

③ 李永胜. 人口统计学 [M]. 成都：西南财经大学出版社，2002：264.

内生育状况的重要指标。如前文所述,日本的非婚生育比例极低,绝大多数生育行为发生在婚内,因此婚内生育状况的变化对日本的少子化有着直接的影响。

婚内生育率的计算与生育率类似,是每千名已婚女性所生育的活婴数,一般用千分数表示。初婚初育间隔是指女性初次结婚和结婚后初次生育之间的间隔。其计算方法一般是从结婚之日算起,不足一周年的记作0年,超过一周年不满二周年的记作1年,以此类推。① 平均初婚初育间隔与平均初婚年龄叠加,能够进一步反映一个人口中女性开始生育行为的时间,对于分析生育水平具有重要意义。

三、少子化和少子化对策

(一)少子化

少子化是本研究的核心概念。少子化一词原为和制汉语,并不是一个传统的人口学概念,而是日本在应对低生育率问题的过程中所创造的新词,首次出现于1992年日本经济企划厅发布的《国民生活白皮书》中,此后广为人口学者和社会所接受。少子化最初一般与低出生率或生育率低下作为同义词使用,但准确来讲,少子化是指生育率长期处于人口更替水平以下的状态。少子化导致出生人口减少,影响人口结构,加剧老龄化程度,因此可以将其视为老龄化的一个侧面。学界也曾提出"底部老化"的概念来描述少子化对老龄化的影响。②

从人口学的角度,我们可以用人口出生率、总和生育率和少年儿童人口系数等指标来判定少子化的程度。人口出生率和总和生育率的概念如前文所述。少年儿童人口系数又称少年儿童人口比重,也是衡量少子化的重要指标之一,指0～14岁人口占总人口的比重,这一比重的大小可用来反映总体年轻或年老的程度。③ 的少年儿童人口系数与其出生率有着直接的关系,一般来说,出生率越高的人口,其少年儿童人口系数越高。

具体而言,从人口出生率层面界定少子化程度,一般认为出生率低于15‰、高于13‰为少子化,低于13‰、高于11‰为严重少子化,低于11‰为超少子化。从总和生育率层面界定少子化程度,一般认为总和生育率低于人口更替水平

---

① 罗肇鸿,王怀宁. 资本主义大辞典 [M]. 北京:人民出版社,1995:1001.
② 邬沧萍. 调整人口年龄结构是计划生育的社会职能:兼论计划生育与人口年龄结构老化 [J]. 中国人口科学,1987 (1):15-23.
③ 王晓峰. 人口统计学 [M]. 北京:中央广播电视大学出版社,2011:26.

(见表2.1)、高于1.8为少子化，低于1.8、高地1.5为严重少子化，低于1.5为超少子化。[①] 与此类似，日本人口学研究会编纂的《现代人口辞典》定义总和生育率低于更替水平、高于1.5为缓少子化，低于1.5为超少子化。[②] 从少年儿童人口系数层面界定少子化程度，一般认为少年儿童人口系数低于20%、高于18%为少子化，低于18%、高于15%为严重少子化，低于15%为超少子化。[③] 少子化程度判定标准见表2.1。

表2.1 少子化程度的判定标准

少子化程度	人口出生率	总和生育率	少年儿童人口系数
少子化	15‰～13‰	2.1～1.8	20%～18%
严重少子化	13‰～11‰	1.8～1.5	18%～15%
超少子化	11‰以下	1.5以下	15%以下

资料来源：根据各项指标下少子化程度的判定标准整理。

(二) 少子化对策

从字面意义来理解，"少子化对策"就是针对少了化问题而采取的应对策略或办法。"少子化对策"一词首次用于日本政府的正式文件是在1999年日本内阁府阁僚会议决定的《少子化对策推进基本方针》中。此后，日本一直以"少子化对策"的形式组织制定各类相关的法律或政策。目前国内学者多以"少子化政策""应对低生育政策"或"家庭支持政策"等概念研究日本的少子化对策。

广义的少子化对策可以理解为针对与少子化相关联的广泛的社会经济问题所采取的综合性政策措施，大体上包含两方面：一是针对少子化成因采取的措施，旨在提高生育率；二是针对少子化影响采取的措施，旨在维持社会在少子化条件下平稳运行。[④] 前者可以理解为遏制少子化进程的政策措施，后者可以理解为适应人口减少社会的政策措施。本研究的后续章节主要针对前者进行研究。

综上所述，本研究将日本的少子化对策定义为日本政府为遏制本国的少子化进程、提振生育率而制定、施行的，由一系列相关法律、制度、规划及具体政策

---

① KOHLER H，BILLARI F C，ORTEGA J A. The Emergence of Lowest-low Fertility in Europe During the 1990s [J]. Population and De-velopment Review 2002，28：641-680.
② 日本人口学研究会. 现代人口辞典 [M]. 东京：原书房，2010：205.
③ 权彤，郭娜. 日本"超少子化"问题研究：基于女性就业的视角 [J]. 山西高等学校社会科学学报，2015，27 (5)：35-38.
④ 王伟. 日本少子化进程与政策应对评析 [J]. 日本学刊，2019 (1)：117-135.

措施所组成的综合性的政策体系。

四、其他相关概念

（一）人口增长与自然增长率

人口增长是指人口数量的变化及其所反映的人口变动过程。人口总数增加，称为人口正增长；人口总数减少，则称为人口负增长；人口总数不增不减，保持不变，就会出现人口零增长。人口增长分为自然增长和机械增长。人口自然增长主要由出生率和死亡率决定；人口机械增长则需要考虑人口迁移因素。

用于分析人口增长的常用统计指标是人口增长率。人口增长率表示人口增长程度或人口增长速度，即在一定时期内（通常为一年）人口增加（或减少）数与人口总数之比。由于少子化主要反映低生育水平的状态，因此本研究主要利用人口自然增长率来考察人口增长率。

人口自然增长率表示一定时期内（通常为一年）人口自然增加数（或减少数）与同期平均总人口数之比，一般用千分数表示。其计算方式为：人口自然增长率＝（年内出生人数－年内死亡人数）/年平均人数×1000‰，即人口自然增长率等于人口出生率与人口死亡率之差。

（二）人口结构与人口抚养比

人口结构是指按不同特征划分的各组人口占总人口的比重，通常用百分数表示。人口结构直接影响人口再生产过程，在某一时点上的人口结构既是过去的生育、死亡变动及人口迁移的结果，同时又直接影响和制约未来的人口发展。

人口本身具有生物属性和社会属性，并且具有多种规定性。通常根据年龄、性别、地域、民族、语言、宗教、文化程度、婚姻状况等不同的规定，对人口结构进行分类。本研究重点关注人口年龄结构，以此来分析少子化的发展、成因及影响。

人口年龄结构是指一定地区、一定时点各个年龄组人口在总人口中所占的比重。人口年龄结构对于人口再生产具有特别重要的意义。通常将人口划分为三大年龄组，即0～14岁为少年儿童人口；15～64岁为劳动年龄人口，也称为生产年龄人口或成年人口；65岁及以上为老年人口。

通常将劳动年龄人口称为抚养人口，将少年儿童人口和老年人口称为被抚养人口。被抚养人口与抚养人口的比值被称为人口抚养比，或总抚养比，通常用百分数表示。少年儿童人口与劳动年龄人口的比值被称为少年儿童抚养比；老年人口与劳动年龄人口的比值被称为老年抚养比。人口抚养比可以反映一个人口年轻或年老的程度，对于研究少子化对经济的影响具有重要的意义。

(三) 人口惯性

人口惯性是人口变动所具有的特性之一，简单来说就是对人口规模增减的惯性。也就是说，过去增加的人口向增加方向，而过去减少的人口向减少方向继续保持一定的变化趋势。人口惯性其实是人口的年龄结构模式的影响。而年龄结构又取决于过去历年的妇女生育率和总人口死亡率水平，即过去人口持续、快速地正增长，会导致较为年轻的年龄结构和较大的育龄妇女规模；反之，过去人口持续地负增长，会导致较为老化的年龄结构和较小的育龄妇女规模。

因经济、技术、政策等因素的影响，生育水平有可能在短时间内较大幅度地下降，甚至降到人口更替水平以下，但人口中现有的和未来一段时间内较多的育龄妇女人数，将使人口出生率不能很快下降，总人口仍处于增长趋势。同样，惯性作用也会使原来人口减少的趋势在其生育率提高后，总人口仍保持相当一段时间减少的趋势。人口惯性还表现在人口生育高峰或低潮的重复性，其重复周期与一个人口再生产周期基本吻合。

第二节　主要理论

本节内容是本研究的理论基础。生育分析理论和人口转变理论分别从微观和宏观的层面解释生育水平随社会经济的发展而下降的过程，是理解少子化问题产生、发展的基础；中介变量理论解释了间接因素通过直接因素作用于生育行为，从而影响生育水平的机理，对于探析少子化的成因具有重要意义；现代增长理论解释了少子化如何通过影响人口结构作用于经济发展的长期过程；"低生育率陷阱"理论对于少子化应对期的判定和少子化对策的无效性具有解释作用。这些理论可以共同支撑本研究的主线，即日本少子化的进程现状、成因、影响及对策评析。

一、生育分析理论

近几十年来，有很多学者运用经济分析的方法对人口问题进行了卓有成效的研究，形成一系列经典的人口经济学理论。其中的生育分析理论，主要是运用微观经济学的概念和方法对家庭生育行为和生育决策进行分析，对于把握少子化问题的深层机理具有重要的意义。

(一) 莱宾斯坦成本效用理论

莱宾斯坦成本效用理论是以莱宾斯坦为代表的运用西方微观经济学成本效用分析来研究家庭生育决策的一种理论。美国著名人口经济学家莱宾斯坦（H. Leibenstein）率先利用西方经济学的概念和理论，分析了家庭抚养孩子的成本和效用，并提出了有关生育决策的成本效用模型。[1]

莱宾斯坦认为家庭养育孩子需要支付成本，包括父母从怀孕到孩子生活自立为止所花费的资金、精力和时间，可分为直接成本和间接成本两方面。直接成本包括孩子所需的衣、食、住、行、用、教育、医疗，以及各种文化娱乐活动所支出的费用。间接成本实际上就是机会成本，主要包括四种情况：母亲妊娠和哺乳期间所损失的工资收入；母亲因照料孩子而减少的受教育和工作的时间；母亲妊娠期间和哺乳期间父母流动性的减少而损失的收入；为抚养新增的孩子，父母及家庭成员失去的闲暇时间和花费的时间。[2]

养育孩子花费成本的同时，也可能带来效用，即父母从孩子身上获得的满足和收益。孩子的效用主要包括三种：一是消费效用，即孩子作为"消费品"给父母带来的快乐和情感上的满足；二是收入效用，即孩子作为劳动力给家庭带来的经济效益，因此也称为孩子的经济效用；三是养老效用，即孩子在父母的老年期为其提供生活保障，也称为保险效用。

莱宾斯坦成本效用理论尝试用经济合理性去解释人们的生育决策。家庭在进行生育决策前，会将养育孩子的成本和效用进行比较，只有从孩子身上获得的预期效用超过养育孩子的预期成本时，夫妻才会决定生育。随着社会经济发展和人均收入的增长，养育孩子的成本与效用受到各种影响而发生变化（见图 2.1）。随着收入的增加，父母花费在孩子身上的直接费用和因养育孩子而产生的机会成本都会增多，因此孩子的直接成本和间接成本都随人均收入的增长而上升，而养育孩子的养老效用和收入效用都会随人均收入的增长而降低。

---

[1] 尹豪. 人口学导论 [M]. 北京：中国人口出版社，2006：108.
[2] 潘敏. 现代人生育意愿的变迁：基于莱宾斯坦的"孩子成本效益"理论 [J]. 德州学院学报，2016，32 (3)：49-53.

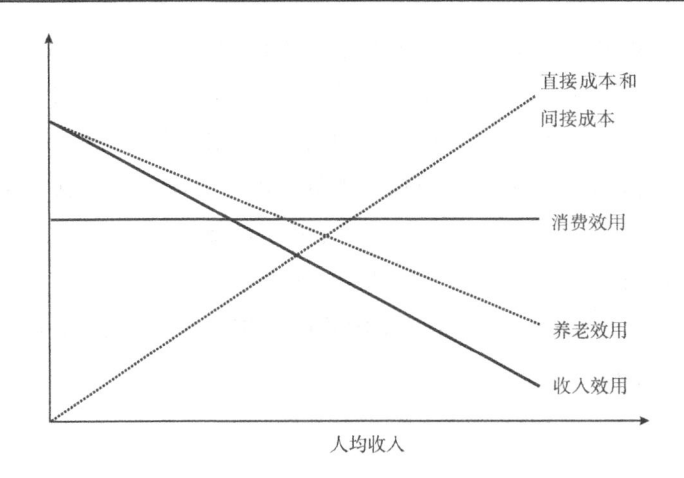

图 2.1 人均收入和养育孩子成本效用的关系

(二) 边际孩子合理选择理论

边际孩子合理选择理论是以经济人假设分析家庭规模决策的理论,最早由莱宾斯坦在 1957 年出版的《经济落后与经济增长》一书中提出。这一理论分析了市场经济条件下家庭规模决策的过程,对于研究少子化问题具有重要的意义。边际孩子就是夫妻希望生育的最后一个孩子,边际孩子的胎次直接决定了家庭规模。莱宾斯坦认为,父母在决定生育孩子时主要考虑孩子在其生产过程中的成本效用,并以此进行边际孩子的选择,同时也是父母对家庭规模的选择。[1]

在对边际孩子进行合理选择的过程中,其边际效用呈递减的规律,即第 n 个孩子的效用小于第 $n-1$ 个孩子的效用。当一个家庭是否选择生育边际孩子或者说对边际孩子做出生育决策时,是通过把生育边际孩子所需要的成本和边际孩子所带来的效用进行比较分析后做出的选择。在社会经济发展过程中,随着人们生活水平的日益提高,家庭人均收入也随之增加,生育孩子所需要付出的成本也相应增加,而孩子的边际效用或边际孩子的效用反而随之下降。在人均收入增长的过程中,孩子成本的上升和孩子效用的下降将会导致家庭期望孩子数量的减少。[2]

图 2.2 表明了边际孩子合理选择理论对生育率下降的具体作用机制。由于边际孩子效用递减,第 n 个孩子的效用小于第 $n-1$ 个孩子的效用($U_n < U_{n-1}$),而

---

[1] 刘培. "全面两孩"政策下银川市育龄人群两孩生育意愿及影响因素研究 [D]. 银川:宁夏医科大学,2017.

[2] 侯建明. 低生育水平对我国东北地区未来人口发展的影响 [D]. 长春:吉林大学,2010.

第 n 个孩子的负效用大于第 $n-1$ 个孩子的负效用（$D_n > D_{n-1}$），因此生育胎次越高，夫妻的生育意愿越小。此外，随着一个人口平均收入水平的提高，人们对边际孩子的选择会减少，该人口的整体生育水平也随之降低。具体表现在，当人均收入为低于 y_1 时，第 n 个孩子的效用大于负效用，因此人们愿意生育第 n 个孩子；当人均收入高于 y_1、低于 y_2 时，第 n 个孩子的效用开始小于负效用，而第 $n-1$ 个孩子的效用仍大于负效用，因此人们对边际孩子的选择为第 $n-1$ 个孩子；当人均收入高于 y_2 时，第 $n-1$ 个孩子的效用也开始小于负效用，则人们的生育意愿到第 $n-2$ 个孩子为止。

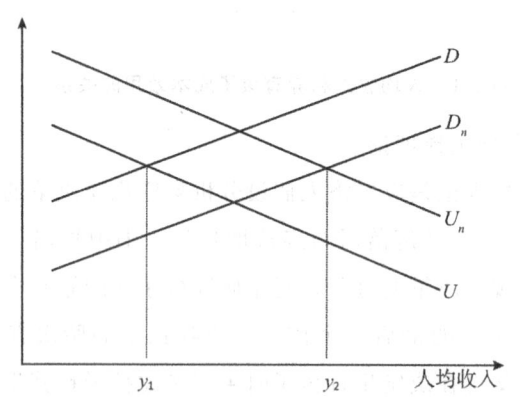

图中 U_n 表示第 n 个孩子的效用，D_n 表示第 n 个孩子的负效用。
图 2.2　边际孩子合理选择的机制

（三）孩子质量与数量选择理论

1960 年，美国经济学家加里贝克尔（G. Becker）在《生育率的经济分析》一文中，运用微观经济学的消费者需求理论分析了家庭规模的经济决策。[①] 贝克尔把消费者选择理论用于生育率分析，把生育行为看作夫妻的合理决策。同时，把孩子看作耐用消费品。父母通过生育孩子，希望从孩子身上得到效用，即孩子被看作消费效用的直接源泉。

从一般历史事实来看，收入水平和生育率之间存在明显的负相关关系。理论上收入水平的上升会带来生育率的提高，现实却恰恰相反。为了解释这一问题，贝克尔引入了"孩子质量"（child quality）这一新概念。贝克尔认为随着收入的增长，人们不是生育更多的孩子，而是需要质量更好的孩子，当夫妻决定家庭规

[①] 田雪原，翟振武，李竟能．人口学 [M]．杭州：浙江恩民出版社，2004：141.

模时，不仅决定孩子的数量，还要决定孩子的人均支出额。他在总结前人理论和分析统计数据的基础上，提出了孩子质量与数量选择理论，其预算约束为：

$$p_n n + p_q q + p_c(q)qn + \pi_z Z = I \qquad (式2.2)$$

式中，I 为一生的收入；n 为孩子个数；p_n 是为每个孩子所支付的与孩子质量无关的固定成本；q 为孩子的质量；p_c 为每个质量单位的成本，它是 q 的函数，π_z 是除孩子外其他商品的影子价格；Z 为其他商品的数量。①当把孩子看作消费效用的直接源泉时，夫妻把孩子数量 n 和其他商品数量 Z 作为独立变量，一生中试图把受一定收入 I 约束的效用函数最大化。增加对孩子的支出，可以提高孩子的质量，父母可以自由选择自己所希望的孩子数量，而这就决定了对每一个孩子的支出。孩子数量与质量的影子价格中都包含了与对方有关的变量，这就成为孩子数量和质量之间相互影响的基础。如对质量需求的增长会提高孩子数量的影子价格，同时，对孩子数量需求的减少会降低孩子质量的影子价格，从而鼓励人们进一步用孩子质量去替代孩子数量。

（四）伊斯特林生育供求分析理论

伊斯特林生育供求分析理论是以美国著名人口学者伊斯特林（R. A. Easterlin）为代表的，运用微观经济学供给和需求分析理论来研究生育率变化的一种理论。伊斯特林考察了由发展中阶段向发达国家过渡的整个现代化过程，在此基础上阐述了生育率革命的含义。伊斯特林还构建了一个生育率转变的理论分析框架（见图2.3）。

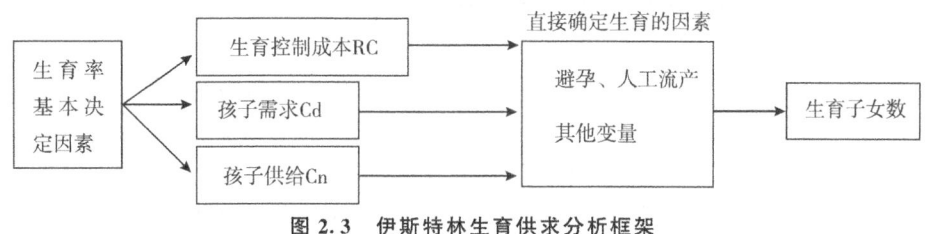

图 2.3　伊斯特林生育供求分析框架

伊斯特林强调 3 个影响生育行为的核心变量，即孩子的需求变量 Cd、孩子的供给变量 Cn 和生育控制成本变量 RC。他认为，在现代化进程中，每个家庭对孩子的需求数会逐步减少，而每个家庭潜在的存活孩子供给数（自然生育率情况

---

① 任强，傅强．经济发展下的边际生育行为：莱宾斯坦理论的实证分析［J］．中国人口科学，2007（1）：60-70；96．

下)会不断上升并达到最大值。当潜在的存活孩子供给数大于孩子的需求数时,家庭就产生了调节生育的动机,$Cn\text{-}Cd$ 的差值越大,控制生育的动机也就越明显。而控制生育动机的存在并不意味着控制生育的实现,自觉控制生育的实现还会受到生育控制成本 RC 的影响。生育控制成本包括心理成本(如对家庭计划生育某项技术如流产的反感)和经济成本(如时间与金钱的花费)。只有生育控制成本降到每个家庭可以接受的时候,控制生育的动机才能转变成为现实。因此,生育革命事实上是由自然生育行为到自觉生育行为的转变。

根据上述的分析框架,伊斯特林建立了生育率决定的供给 — 需求模型(见图 2.4)。在图中,实线 Cn 代表孩子供给,实线 Cd 代表孩子需求,虚线 C 代表实际孩子数。X 轴表示现代化进程,越向右靠近意味着越趋向现代化。人们抑制生育的动机在于孩子的供给变量 Cn 超过孩子需求变量 Cd,也就是说在于不希望生育的孩子数。在 m 点左方为超额需求状态($Cd > Cn$),这一阶段人们无法得到期望的孩子数。随着现代化的进程,孩子供给逐渐增多,而孩子需求从某一时点开始减少,在 m 点的右方出现了超额供给的状态($Cn > Cd$)。当现代化进程到达 h 点时,生育不希望的孩子的负效用开始大于生育控制成本变量,生育率开始受到抑制。这种状况下超额供给的状态会持续下去,并最终达到实际孩子数(C)与孩子需求(Cd)相一致的 p 点。这就是生育率在整个现代化进程中在孩子供求作用下的变化过程。

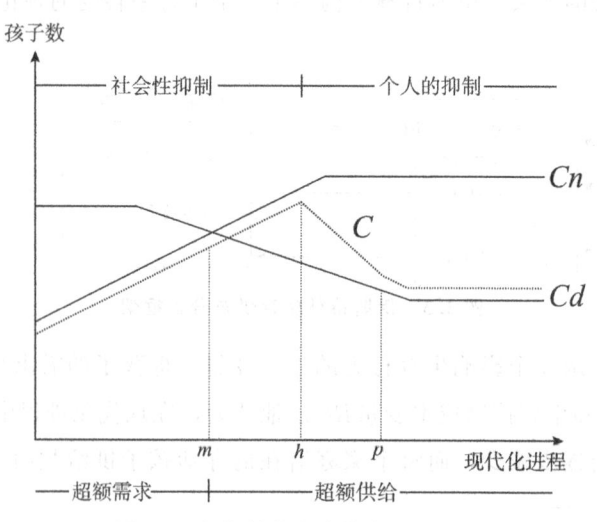

图 2.4　伊斯特林生育供求理论模型

二、人口转变理论

人口转变理论是西方人口学的经典理论之一，形成于20世纪30年代前后，60年代开始在西方国家盛行，在20世纪70年代后被广泛应用于发展中国家人口发展的研究。它以西欧人口出生率和死亡率的历史资料为依据，将人口的发展历程划分为不同的阶段加以分析和说明。同时，它把人口发展过程视为与生产力发展密切相关的过程，由此来解释不同国家的人口发展特征。人口转变理论可以从宏观上对生育水平下降进行理论解释，对于研究少子化问题具有重要的意义。

（一）人口转变理论概述

最早注意并描述人口转变的是法国学者兰德里（A. Landry），1909年他在一篇论文中就指出，生产力是人口转变的根本原因，并在1934年出版的《人口革命》一书中首次提出了人口转变理论。[1]

人口转变理论以人口发展过程及其演变的主要阶段为研究对象，描述了人口发展由高出生率、高死亡率、低人口自然增长率，经过高出生率、低死亡率、高人口自然增长率，转变到低出生率、低死亡率、低人口自然增长率的历史过程。人口转变一般先是从死亡率下降开始的，接着是人口出生率的下降，从而影响人口自然增长率的上升及下降。人口转变的结果是人口经过一段较长时期后出生率下降到最低水平，死亡率有可能出现小于、等于、大于出生率的情况。因此，人口自然增长率就有可能出现正值（人口将持续增长）、零值（人口趋于稳定）、负值（人口略有减少）。[2]

人口转变理论还结合社会经济因素的变动来解释人口出生率下降的过程，并推论人口发展的未来趋势。人口转变以社会、经济条件的变化为前提，特别是工业化和城市化的进程。人口转变也会受到其他社会因素的影响，如宗教、政治、婚姻、社会习俗等各个方面。

（二）人口转变的经典模型

传统人口转变理论的经典模型主要包括兰德里的三阶段模型、汤普森的三类型模型、诺特斯坦的四阶段模型等。

兰德里根据西欧的人口统计资料最早提出了人口转变理论，他将人口发展过

---

[1] 邬沧萍，杜亚军. 我国人口转变与人口政策之间的关系 [J]. 南方人口，1986 (1): 1-4.
[2] 宋宗成. 人口增长与人口转变问题 [J]. 西北人口，1986 (4): 20-30; 16.

程分为原始阶段、中期阶段和现代阶段,并将这三个阶段的人口转变称为"人口革命"。兰德里的理论使人口发展阶段问题成为人口研究的重要方向,为后续人口转变理论的研究奠定了基础。兰德里认为,原始阶段生产力的发展水平极低,经济因素对生育率没有限制作用,只是通过影响死亡率来影响人口发展。这一阶段生育率始终保持在较高的水平,死亡率则在高水平波动变化,使总人口维持在一个均衡点。到了中期阶段,生产力得到一定的发展,生活水平有所提高,死亡率开始下降,而经济因素通过影响婚姻,如晚婚、晚育甚至不育等降低了生育率。这一阶段由于人们为了保持或提高生活水平而实现了新的人口均衡。在现代阶段,生产力和经济发展已达到很高的水平,人类物质财富得到了极大丰富,死亡率已降至很低的水平。由于经济的发展、福利事业的完善和医学的进步,人类的生育观已发生改变,开始自觉地限制家庭规模和生育,人口发展至此出现了革命性的转变。

20世纪20年代末至20世纪30年代初,美国人口学家汤普森(W. S. Thompson)将人口转变理论应用于欧洲以外的地区,他根据人口出生率和死亡率的情况将世界各国划分为三个类型的地区。第一类型代表人口发展的第一阶段,主要包括亚洲、非洲和南美洲的一些国家和地区。这类地区的出生率和死亡率都保持在很高的水平,很少受到控制,一旦死亡率开始下降,可能会出现人口剧增的现象。第二类型代表人口发展的第二阶段,主要包括意大利、西班牙及中欧各国。这类地区的出生率和死亡率都开始下降,人口自然增长率先升后降。第三类型代表人口发展的第三阶段,主要包括西欧各国。这类地区的人口出生率和死亡率得到人为控制,处于很低的水平,人口发展处于低增长或稳定状态,甚至出现负增长状态。

美国人口学家诺特斯坦(F. W. Notstein)在已有研究的基础上对人口转变理论进行了发展和完善。1945年,他在《人口——长远观点》一文中提出了三类型、三阶段模型,系统地论述了人口转变的条件及原因。随后,诺特斯坦对自己的人口转变理论模型进行了修正,形成与工业化的发展阶段相关联的人口转变四阶段模型(见图2.5)。第一阶段为工业化以前的阶段,人口呈现典型的"高出生、高死亡、低自然增长率"模式。第二阶段是工业化初期,此时人口出生率基本维持在高水平,而死亡率开始大幅下降,致使人口自然增长率大幅上升。第三阶段是工业化深化阶段,此时死亡率在原有基础上继续迅速下降,人口自然增长率达到峰值。第二、三阶段的人口发展符合"高出生、低死亡、高自然增长率"模式。第四阶段是工业化完成后的阶段,此时人口出生率迅速下降,出生率和死亡率都下降到很低的水平,人口自然增长率下降到很低水平,甚至出现负增长,即典型的"低出生、低死亡、低自然增长率"模式。

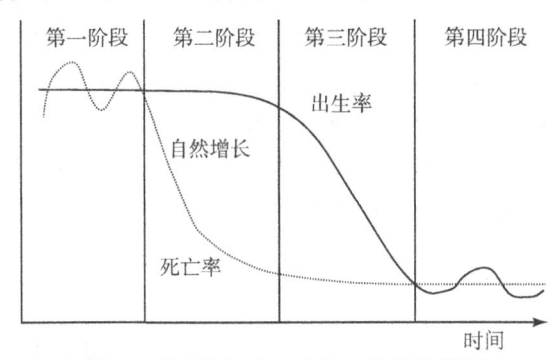

图 2.5 诺特斯坦的三类型、四阶段模型

(三)"后人口转变"理论

关于"后人口转变"的界定,学界主要有两种观点。一种观点认为所谓"后人口转变"是相对已有的"人口转变"概念而言的,是指继传统的人口转变完成之后出现的人口再转变,如著名的"欧洲第二次人口转变"理论。另一种观点认为"后人口转变"仍属于传统人口转变过程中的一环,只是对原有的人口发展阶段划分进一步细化的产物,即被广泛讨论的"后人口转变期"的概念。

由于传统的人口转变理论认,为生育率降低并稳定在更替水平就意味着人口转变的结束,而这一理论无法解释自20世纪60年代开始西北欧国家生育水平持续低于更替水平并出现人口负增长的现象,荷兰学者范德卡(D. J. Van de Kaa)和比利时学者莱赫特(R. Lesthaeghe)从1986年开始发表了一系列文章,提出并详述了"欧洲第二次人口转变"的理论[1]。"第二次人口转变"与传统的人口转变相比具有一些明显的新特征:在婚姻层面,主要包括已婚比例降低、初婚年龄升高、非婚同居增加、离婚率上升、离婚早期化、离婚或丧偶后再婚减少等;在生育层面,主要包括初育年龄上升、生育率结构性低下、有效避孕、婚外生育增加、选择不生育的夫妻比例上升等;在社会背景层面,主要包括需求层次提高、草根民主主义、脱社会化倾向、性别角色对称化、女性经济独立、生活方式

---

[1] 李玉柱. 低生育水平地区生育观念和生育行为分析[D]. 北京:中国社会科学院研究生院, 2011.

多样化等。① 学者最初利用这一理论分析西欧的人口现象，之后其应用范围逐步扩展到南欧、东欧的国家及美国、日本等国。②

后一种观点则是在传统的人口转变三阶段或四阶段模型的基础上，将人口转变的第一个阶段定义为"前人口转变期"，将人口转变的最后一个阶段定义为"后人口转变期"，而只将处于人口转变中间的一个或两个阶段定义为真正的"人口转变期"。③ 或者将"前人口转变期"称为"转变前的人口体制"，将"后人口转变期"称为"转变后的人口体制"。④ 因此，"后人口转变期"即为"低出生、低死亡、低自然增长率"的人口发展阶段。

三、中介变量理论

人口转变理论大多是从宏观的角度研究经济社会发展对生育率下降的影响，而对于影响生育水平的直接因素的解释力不足。中介变量理论通过构造能够直接影响生育水平的因素，再进一步分析各种社会经济及文化环境因素的间接作用机制，可以弥补这种不足。

中介变量理论由戴维斯（K. Davis）和布雷克（J. Blake）首先提出，后由美国人口学家邦戈茨（J. Bongaarts）建立了综合生育模型，并提出了直接影响生育水平的中介变量。⑤ 一个人口在不受任何人为的限制或控制下的生育率水平，就是自然生育率。自然生育率主要受生物学的影响和制约。事实上，任何一个人口的生育水平都远低于生物学意义上的生育率水平，即自然生育率。这是因为人类的生育行为是一个社会过程，在生物学因素之外，更多地受社会、经济、文化等因素的影响和制约。这些因素对人类生育行为的影响往往不是直接的，而是通过一些中间环节间接地对生育率产生影响。这些中间环节被称为中介变量。

戴维斯和布雷克认为，任何社会经济因素和环境的变化都不直接作用于生育率，只有通过直接影响生育的一套中介变量才能够产生影响而作用于生育。这一套中介变量共有 11 个，归之于三种分类：一是影响男女结合的因素，二是影响

---

① 岩澤美帆.「ポスト人口転換期」の出生動向：少子化の経緯と展望［J］. 人口問題研究，2015（06）：86-101.

② 石人炳. 人口转变：一个可以无限拓展的概念？［J］. 人口研究，2012，36（2）：11-18.

③ 朱国宏. 关于"后人口转变"［J］. 中国人口科学，2001（3）：60-65.

④ WILSON, CHRIS. Thinking about post transitional demographic regimes［J］. Demographic Research, 2013, 28 (46): 1373-1388.

⑤ 李永胜. 人口统计学［M］. 成都：西南财经大学出版社，2002：147.

受孕的因素,三是影响怀孕和成功分娩的因素。[①] 而邦戈茨的综合生育模型对中介变量进行了量化,他提出这 11 个中介变量中对生育水平产生最直接影响的有四个:结婚、避孕、哺乳和人工流产。他认为总和生育率是自然生育率的函数,并直接受到已婚比例、避孕比例、流产率和哺乳期不孕的平均间隔四个主要因素的影响。用公式表达为:

$$TFR = T_f \times C_m \times C_c \times C_a \times C_i \qquad (式2.3)$$

式中,TFR 为自然生育率;T_f 为总和生殖能力率;C_m 为婚姻指数;C_c 为避孕指数;C_a 为引致流产的指数;C_i 为哺乳期不孕指数。

其中,T_f 的平均值约为 15.3,而四个指数均在 0~1 之间取值。其他社会经济变量主要通过这四个中间变量对总和生育率产生影响。邦戈茨利用他的综合生育模型对 41 个国家的历史人口资料进行了分析,结果表明上述四个主要的中介变量可以解释生育率差异的 96%。[②]

随着全球生育水平的普遍下降,许多国家和地区的生育率已下降至人口更替水平以下,完全没有控制的生育几乎不复存在。在这种情况下,继续使用自然生育率的函数来分析生育水平的变化,其解释力显然在下降。因此,邦戈茨又提出了新的概念模型以适应低生育水平下的理论模型。[③] 在新模型中,总和生育率不再是自然生育率的函数,而是期望家庭规模(或称意愿生育数量)的函数,并直接受到非意愿生育、替代效应、性别偏好、进度效应、不孕效应和竞争效应这六个主要因素的影响。

四、现代增长理论

少子化对人口年龄结构具有直接的作用,而人口年龄结构对于经济增长具有长期、持续的影响。现代增长理论可以很好地对这种影响机制进行解释,对于研究少子化的影响具有重要的意义。本部分内容主要借助现代增长理论中的新古典增长理论和内生增长理论分析少子化对经济增长的影响机理。

---

① 刘平. 国外对生育率中间变量理论的研究 [J]. 南方人口,1988 (1):16.
② BONGAARTS J. The Fertility-Inhibiting Effects of the Intermediate Fertility Variables [J]. Studies in Family Planning,1982,13 (6-7):179-189.
③ BONGAARTS J. The End of the Fertility Transition in Developed World. Population and Development Review,2002 (27):206-281. 2002.

(一) 新古典增长理论

新古典增长理论中最具有代表性的是索洛经济增长模型，被视为现代增长理论的基石。索洛（1956）将技术进步率视为外生变量，构建了长期实际生产量的连续性宏观生产函数。[①] 其表达式为：

$$Y = F(K, AN) \tag{式 2.4}$$

式中，Y 为一个经济体的实际生产量；K 为资本存量；A 为技术水平；N 为劳动人口。该函数表明，除了资本存量和劳动力投入量，技术水平越高，一个经济体的生产总值越高。在此基础上，经济增长的动力可分为技术进步率、资本存量的增长和劳动人口的增长。那么在完全竞争的市场条件下，可以推导出经济增长率的函数。[②] 其表达式为：

$$\Delta Y/Y = (1-\lambda)(\Delta A/A) + \lambda(\Delta K/K) + (1-\lambda)(\Delta N/N) \tag{式 2.5}$$

式中，Δ 为各变量的增量；$\Delta Y/Y$ 为经济增长率；参数 λ 和 $(1-\lambda)$ 分别为完全竞争市场条件下的资本分配率和劳动分配率；$(1-\lambda)(\Delta A/A)$ 为技术进步对经济增长率的贡献；$\lambda(\Delta K/K)$ 为资本存量增长对经济增长率的贡献；$(1-\lambda)(\Delta N/N)$ 为劳动人口增长对经济增长率的贡献。

在索洛经济增长模型中，代表技术进步率的 $(\Delta A/A)$ 是一个外生变量，与资本存量和劳动人口的增长率无关，因此规模收益恒定。此外，在中长期的稳定均衡状态中，资本存量随技术的进步而增加，随劳动人口的减少而减少。因此，根据等式 2.5 可以得出，若将劳动人口的增长率 $(\Delta N/N)$ 同样视为外生变量，则在稳定均衡状态中经济增长率随劳动人口的增长率降低而降低。从长期来看，少子化是导致劳动人口减少的最根本原因。因此，依据索洛经济增长模型，长期少子化对经济增长具有负向影响，少子化程度越严重的经济体其经济增长率越低。

(二) 内生增长理论

与新古典增长理论不同，内生增长理论将技术进步率视为与劳动人口和技术水平具有依存关系的内生变量，内生的技术进步是推动经济持续增长的决定因素。其中，具有代表性的是罗默增长模型，该模型假设有资本、劳动、技术三种

[①] SOLOW, R. Contribution to the Theory of Economic Growth [J]. Quarterly Journal of Economics, 1956, 70 (1): 65-94.

[②] 福田慎一. 人口減少がマクロ経済成長に与える影響—経済成長理論からの視点—[J]. 経済分析, 2017 (196): 9-27.

投入，经济中有研究部门和最终产品部门两种类型的部门。① 劳动人口分为投入最终产品生产部门的劳动力和投入研究部门的劳动力：

$$N = N_Y + N_A \tag{式2.6}$$

规模收益恒定的生产函数与新古典增长理论类似，可以表述为：

$$Y = F(K, AN_Y) \tag{式2.7}$$

技术水平的变化 ΔA 与投入研究部门的劳动力 N_A 和现有的技术水平 A 之间具有一定的函数关系。其表达式为：

$$\Delta A = \alpha N_A A^\varphi, (0 < \varphi < 1) \tag{式2.8}$$

可见技术进步率 $\Delta A/A$ 是依存于投入研究部门的劳动力 $_A$ 和现有技术水平的内生变量。由公式2.7和2.8可以推导出：

$$\Delta A/A = \alpha N_A/A^{1-\varphi} \tag{式2.9}$$

而在均衡增长路径中，技术进步率 $\Delta A/A$ 与研究部门劳动力增长率 $\Delta N_A/N_A$ 之间具有一定的比例关系：

$$(1-\varphi)\Delta A/A = \Delta N_A/N_A \tag{式2.10}$$

则 $N_A/A^{1-\varphi}$ 是一个固定值，因此技术进步率 $\Delta A/A$ 在一定时期内恒定。

假设在均衡增长路径中，投入两个经济部门的劳动力的比例是恒定的，则投入各部门的劳动力增长率在长期内等于人口增长率 n：

$$\Delta N_A/N_A = \Delta N_Y/N_Y = n \tag{式2.11}$$

基于以上内生增长理论的推导，由公式2.6可知，在长期均衡增长路径中，经济增长率 $\Delta Y/Y$、资本存量的增长率 $\Delta K/K$ 和 $\Delta A/A + \Delta N_Y/N_Y$ 在一定时期内都是一个恒定值。据此，由公式2.10可以推导出以下公式：

$$\Delta A/A = [1/(1-\varphi)]n \tag{式2.12}$$

$$\Delta Y/Y = \Delta K/K = [(2-\varphi)/(1-\varphi)] \tag{式2.13}$$

由以上公式可知，在内生增长理论中，长期的经济增长率和技术进步率均与人口增长率具有一定的比例关系。因此，当少子化导致一个经济体的人口增长率降低时，其经济增长率和技术进步率也随之降低；当长期少子化导致人口负增长时，经济也随之负增长。

---

① ROMER P M. Endogenous Technological Change [J]. Journal of Political Economy, 1990, 98 (5): S71-S102.

五、"低生育率陷阱"理论

"低生育率陷阱"理论是一种生育下降的临界水平假说，即一个人口的生育水平一旦下降至一定的程度，则低生育率会自我强化，如同掉入陷阱，这一人口生育率下降的趋势将很难被逆转。"低生育率陷阱"理论对于判断少子化问题的应对期和解释少子化对策的无效性具有重要的意义。

（一）"低生育率陷阱"理论的提出

20世纪90年代，欧洲一些国家和地区相继出现了令人困扰的极低生育问题，总和生育率先后降至1.3以下，生育率不断走低且历时弥久不得恢复。[①] 随着时间的推移，极低生育水平进一步扩散，亚洲的一些国家和地区，如日本、韩国、新加坡等也先后加入这一行列。[②] 极低生育率的现象引起了学界的广泛关注，"低生育率陷阱"的概念和理论应运而生。

"低生育率陷阱"这一概念最早是由Lutz和Skirbekk在2005年发表的题为《低生育率国家进度效应的应对政策》的文章中提出的。他们认为政策对生育水平的影响是非线性的，这种非线性的政策反馈机制使得1.5左右的总和生育率水平成为两种不同人口形态的"分水岭"，一旦越过这个水平，形势就很难逆转，因而形成一个"陷阱"。[③] 此后，Lutz等将"低生育率陷阱"上升到理论高度，对其作用方式进行了深入的论证，认为未来生育率会在低生育率的自我强化机制作用下持续下降。[④] 2007年，Lutz等人又对三个自我强化的机制做了实证研究，他们对比了2001年与2006年意大利、西班牙及希腊25~39岁年龄组的理想家庭规模，发现均有所下降。进一步分年龄、性别及受教育程度来对比工资的变化后发现，20~34岁年龄组的绝对工资和相对工资增长速度较低。他们认为收入状况恶化很可能是生育高峰期女性推迟或减少生育的主要原因之一。[⑤]

[①] 黄彩虹. 人口新政下中国"低生育率陷阱"判断及趋势预测 [D]. 济南：山东师范大学，2017.

[②] 靳永爱. 低生育率陷阱：理论、事实与启示 [J]. 人口研究，2014，38 (1)：3-17.

[③] 吴帆. 低生育率陷阱究竟是否存在？：对后生育率转变国家（地区）生育率长期变化趋势的观察 [J]. 人口研究，2019，43 (4)：50-60.

[④] LUTZ W, SKIRBEKK V, TESTA M R. The Lowfertility Trap Hypothesis: Forces That May Lead to Further Postponement and Fewer Births in Europe. Vienna Yearbook of Population Research, 2006 (4)：167-192.

[⑤] 王广州，周玉娇，张楠. 低生育陷阱：中国当前的低生育风险及未来人口形势判断 [J]. 青年探索，2018 (5)：15-27.

（二）低生育率的自我强化机制

低生育率的自我强化机制共有三个部分，分别是人口学机制、社会学机制和经济学机制。三个自我强化机制可以分为两类，人口学机制是一种宏观机制，用来解释人口总量的减少，社会学机制和经济学机制都是微观机制，用来解释一代又一代的人们为什么更倾向于少生孩子。①

人口学机制的实质是人口惯性的作用。低生育率将导致出生队列规模的缩小、育龄妇女数量的减少，从而使得出生人口数量进一步减少。在这一恶性循环过程中，出生人口数量逐代减少，构成低生育率的宏观自我强化机制。

社会学机制的核心是理想家庭规模的代际学习和传递。在个人理想家庭规模的形成过程中，如果亲代家庭的子女数量减少，那么子代的理想家庭规模也将缩小并落实于子代的生育行为之中。这种子女数量的减少还将以相同方式传递给更年轻的一代，从而使得个人理想家庭规模逐代缩减。

经济学机制表现为家庭预期消费与预期收入之间的差距会导致生育意愿进一步降低。一方面，父辈的低生育率使子辈更有可能在相对富裕的家庭长大，从而形成较高的预期消费；另一方面，低生育率造成的人口结构问题会对经济发展造成诸多不利影响，从而使年轻人对预期收入持悲观态度。两者之间的反差对年轻人的生育产生影响，一是减少生育数量，二是推迟生育年龄，从而导致生育率继续降低。

---

① 曹立斌，石智雷. 低生育率自我强化效应的社会学机制的检验与再阐述 [J]. 人口学刊，2017，39 (1)：18-27.

第三章 日本少子化的进程、现状及未来趋势

少子化是一种生育率长期处于人口更替水平以下的人口状态。从人口转变理论对人口发展过程的阶段划分来看，少子化符合"低出生、低死亡、低自然增长率"的特征，属于人口转变最后一个阶段，或称"后人口转变期"的一部分。本章依托日本"二战"结束以来中长期的人口统计资料，结合少子化的概念和少子化程度的判定标准，主要从人口出生率、总和生育率和少年儿童人口系数三个指标分析日本少子化的进程和现状，并结合日本国立社会保障·人口问题研究所的相关人口预测资料，对日本少子化的未来趋势进行判断。

本研究涉及的日本人口统计资料时间跨度长、数据量较大，为了更好地提供数据支撑，增强分析描述的准确性，将1947年—2065年日本历年总人口、出生人数、人口出生率、总和生育率、自然增长率的数据绘制成表。其中，2017年及以前为实际数据，根据日本国立社会保障·人口问题研究所《人口资料统计集（2019）》整理；2018年开始为预测数据，根据同研究所2017年人口预测资料中位预测数据整理。囿于篇幅，该表置于文末附录处展示。

第一节 日本少子化的进程

相比于西欧国家，日本经历了剧烈的人口转变过程，尤其是生育水平下降的速度很快。根据少子化的定义，日本早在20世纪70年代中期就开始了其少子化的进程，至今已经历了四十多年。本节主要借助日本"二战"后的人口统计数据，分析日本从战后的生育高峰期转向少子化的预兆期，再到少子化正式开始的历史进程。

一、"二战"后的两次生育高峰

日本在"二战"后出现了两次生育高峰，分别是1947—1949年的第一次婴儿潮和1971年至1974年的第二次婴儿潮。第一次婴儿潮可以解释为战后的补偿生育行为，其间出生的人口在日本被称作"团块的世代"。第二次婴儿潮与第一次婴儿潮相隔24年，恰好是"团块的世代"进入婚育高峰期的时点，反映了人口周期性波动的特点，可以解释为第一次婴儿潮的余波，因此第二次婴儿潮期间出生的人口在日本被称为"团块二代"。

第一次婴儿潮期间日本年均出生约270万人，人口自然增长率平均维持在20‰以上。第二次婴儿潮期间年均出生约210万人，年均人口自然增长率在12‰以上。第二次婴儿潮结束后，日本的年出生人口数再也没有高于过200万人，人口自然增长率也一路下降。从图3.1中可以明显地观察到两次生育高峰和之后出生人数的持续下降。

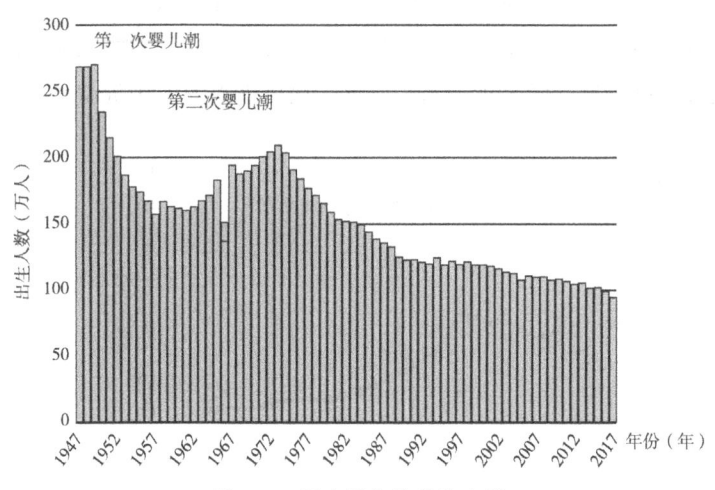

图3.1 日本历年的出生人数

（资料来源：日本国立社会保障·人口问题研究所《人口资料统计集（2019）》）

从人口出生率和总和生育率的数据来看，在第一次婴儿潮期间，日本的人口出生率维持在33‰以上，总和生育率也超过了4.3，此后二者均开始迅速下降。在第二次婴儿潮期间，由于出生队列的影响，日本的人口出生率尚能维持在19‰左右，总和生育率也维持在人口更替水平以上。从少年儿童人口系数的数据来看，第一次婴儿潮期间少年儿童占总人口的比重高达35.4%，第二次婴儿潮期间也维持在24‰以上。

二、少子化的预兆期

虽然到第二次婴儿潮结束之前，日本的总和生育率总体上还能维持在更替水平以上，并没有真正进入少子化阶段，但是自1957开始，总和生育率有长达18年的时间维持在更替水平左右。日本人口学界一般认为日本是在20世纪50年代后半段完成人口转变的。[①] 也就是说，日本自完成人口转变伊始，生育水平就长期稳定在了更替水平，为后续的少子化进程埋下了伏笔。因此，可以将1957—1974年的这段时期视为日本少子化的预兆期，或称为潜伏期。

仔细观察这18年间日本的总和生育率，除去1966年"丙午迷信"[②]带来的异常低值，有7年的总和生育率已经低于更替水平，而其余9年的总和生育率虽然名义上高于更替水平，但也只有十分微弱的差距。而且这9年中的8年都集中在1966年的"丙午年"前后到第二次婴儿潮完结之间。1966年前后的总和生育率可以理解为人们为回避丙午年而提前或延后生育所带来的生育堆积现象，之后则是第二次婴儿潮的直接影响或波及作用。因此，如果没有第二次婴儿潮的到来，这一时期日本的总和生育率可能早已降至更替水平以下，提早进入少子化阶段。

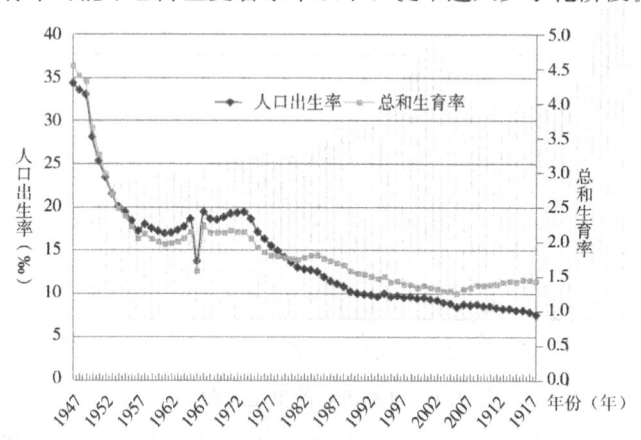

图3.2　日本历年的人口出生率和总和生育率

（资料来源：同图3.1）

[①] 佐藤龍三郎，金子隆一. ポスト人口転換期の日本：その概念と指標［J］. 人口問題研究，2015(6)：65-85.

[②] 注：丙午是干支之一，日本人认为丙午年出生的女性火气过旺、克夫、很难出嫁，因此多回避在这一年生育。

少子化的预兆期是日本人口发展过程中的关键时期，对于后续的少子化进程有着深远的影响。其原因有三：一是这一时期较长，持续了18年之久，几乎是一个代际年龄间隔的时间；二是这一时期的年均出生人口与"团块的世代"相比锐减，为后续的人口结构问题埋下了隐患；三是这一时期日本政府误判人口形势，如果在少子化预兆期之初就开始积极应对少子化问题，那么此后的人口发展也许能够维持良性的态势，但日本政府当时的政策导向是控制人口增长，导致日后生育水平下降得过快、过低，最终陷入"低生育率陷阱"。

三、少子化的开端

少子化的预兆期过后，日本正式进入少子化阶段。日本的总和生育率在1974年降至更替水平以下，此后持续低于更替水平。根据少子化的概念，日本正是从这一年开始正式进入少子化阶段。从人口出生率这一指标来看，日本的人口出生率在1978年下降到了15‰以下(14.9‰)，达到了少子化的程度。而从少年儿童人口系数指标来看，1988年日本的少年儿童人口系数下降至20%以下(19.5%)，进入少子化阶段。从少年儿童人口系数考察日本的少子化进程，相较人口出生率和总和生育率指标所反映的情况要滞后一些。这是由于人口惯性的存在，人口年龄结构的变化较生育率的下降存在一定的滞后；加之日本第二次婴儿潮的出生人口在20世纪80年代末才逐步成长到15岁以上，也在客观上推迟了少年儿童人口系数下降的时间。

第二节 日本少子化的现状

随着少子化的迅速发展，生育水平长期处于"低生育率陷阱"中的超少子化状态和人口负增长，已成为21世纪以来日本少子化的基本现状。本节结合少子化正式开始以来日本的人口统计资料，详细分析了日本少子化的现状，并总结了日本少子化出现的新特征。

一、少子化程度不断加深

日本自进入少子化阶段后，生育水平下降的速度很快。日本的总和生育率在1978年下降至1.8以下（1.79），1989降至1.57，甚至低于1966年"丙午迷信"

的 1.58 的水平，引起了日本国民的轰动，史称"1.57 冲击"。少子化问题至此才得到日本国民的重视。此后，日本的总和生育率进而在 1992 年下降至 1.5。如表 3.1 所示，从总和生育率来看，日本从少子化到严重少子化，再到超少子化阶段，仅用了 3 年和 5 年的时间。

表 3.1 日本少子化的开端与深化

	人口出生率		总和生育率		少年儿童人口系数	
	年份	数据	年份	数据	年份	数据
少子化	1978 年	14.9‰	1974 年	2.05	1988 年	19.5%
严重少子化	1981 年	13.0‰	1977 年	1.79	1991 年	17.7%
超少子化	1988 年	10.8‰	1992 年	1.50	1999 年	14.8%

资料来源：根据少子化程度的判定标准和日本人口数据整理。

从人口出生率指标来考察，日本的人口出生率在 1981 年降至 13‰，同样仅用了 3 年时间就达到了严重少子化程度。之后日本的人口出生率继续下降，在 1988 年降至 11‰以下(10.8‰)，从严重少子化到超少子化也仅用了 7 年。从少年儿童人口系数来看，日本的少年儿童人口系数于 1991 年降至 18%以下（17.7%），达到严重少子化程度，并于 1999 年降至 15%以下（14.8%），达到了超少子化程度。

从表 3.1 可以看出，日本进入少子化阶段后，少子化程度迅速加深，无论从哪个指标来看，都在 10 年之内完成了从少子化到严重少子化，进而到超少子化的过渡。少子化正式开端的 1974 年，是日本最后一个年出生人数超过 200 万的年份（约 203 万），此后年出生人数开始了长达近半个世纪的缩减。根据日本战后的两次生育高峰来看，20 世纪 90 年代中后期应该再出现一次生育高峰，也就是"团块三代"。但是从那几年的出生数据来看，虽然 1994 年、1996 年、1998 年和 2000 年的出生人数分别相比前一年有微弱的增加，但总体上仍未改变出生人数持续缩减的趋势，预期的第三次生育高峰并未如期出现。不断降低的生育水平也直接作用于人口自然增长率。在少子化开端的几年，日本的人口自然增长率尚能维持在 10‰左右，此后持续下降。进入 21 世纪之后，日本人口的自然增长已趋于停滞。

二、人口减少时代到来

2005 年是日本人口发展过程中的一个分水岭，从诸多人口指标来看都是一个划时代的节点。首先，日本的总和生育率在这一年下降到了1.26，创下了历史最低的纪录。同时，这一年也是日本自1920年开始有详细的人口统计资料以来，第一次出现出生人口数少于死亡人口数的情况，人口自然增长率为−0.17‰，首次出现负值。而日本的总人口在2008年到达峰值1.28亿后也开始出现了人口绝对数的负增长。自此，日本正式进入人口减少的时代。

此后，日本的总和生育率曾出现连续微增的迹象（见图3.2）。这种迹象被认为是日本政府所施行的一系列少子化对策的积极效果。即便如此，这种迹象在近几年已趋于停滞。截至2017年，"微增"后的日本总和生育率也仅有1.43，仍处于超少子化阶段。而日本的人口自然增长率自2007年以来出现了持续的负值，且人口自然减少的绝对数越来越大。截至2018年，日本的人口自然增长率已下降至−3.4‰，总人口与人口峰值相比已减少164.1万人。

从年出生人数和人口出生率的数据来看，二者在进入21世纪以来均一直呈下降的趋势。截至2017年，日本的人口出生率仅有7.5‰，比少子化阶段之初下降了11‰。而日本的年出生人数在第二次婴儿潮结束后跌破了200万人，进而在2016年跌破100万人。2017年日本的出生人数仅有94.6万人，不及刚进入少子化阶段时的一半。

从少年儿童人口系数和人口年龄结构的变化来看，在长期低生育水平的影响下，日本的少年儿童人口数和少年儿童人口系数不断降低（见图3.3）。

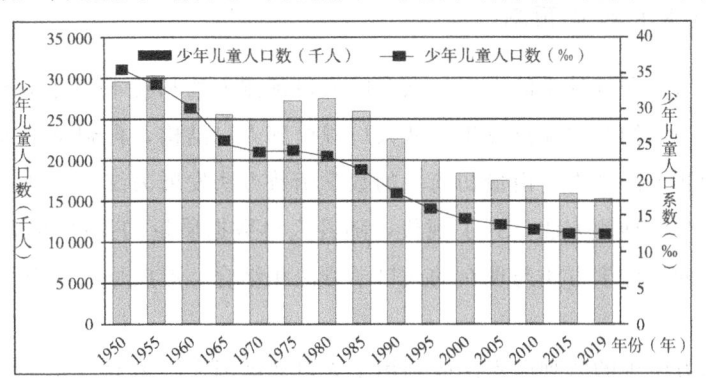

图 3.3 日本少年儿童人口数和少年儿童人口系数的变化

（资料来源：**2015** 年之前的数据根据日本历次国势调查数据整理得出，**2019** 年的数据来自日本总务省统计局人口推计资料[①]）

---

① 総務省統計局．人口推計（令和元年（2019年）7月確定値，令和元年（2019年）12月概算値）[EB/OL]．(2019-12-20) [2020-01-06]．https://www.stat.go.jp/data/jinsui/new.html．

在日本少子化不断深化的同时，人口老龄化的程度也在不断加深。日本总务省统计局人口推计的长期时序数据显示，在1997年，日本的65岁及以上老年人口的比重(15.7％)首次超过了少年儿童人口系数(15.4％)。进而在2014年，日本65岁及以上老年人口的比重(26.0％)已达到少年儿童人口系数(12.8％)的两倍以上。截至2019年，日本的少年儿童人口系数仅为12.5％，不及刚进入少子化阶段时的一半，而65岁及以上老年人口的比重已达到28.4％。

第三节　日本少子化的未来趋势

把握人口变动的未来趋势对于研究少子化问题至关重要，而人口变动的未来趋势需要通过人口预测得出。人口预测就是对未来人口总量、结构进行数学推算。人口预测的基本逻辑是，现在是过去变化的结果，未来可以从过去和现在推算。[①] 人口预测对于制定人口目标、调整人口政策具有重要的意义。本节首先介绍日本国立社会保障·人口问题研究所的人口预测方法，然后结合该研究所2017年的人口预测资料[②]，分析日本少子化的未来趋势，为研究少子化对策的优化路径提供数据支持，也为预测中国少子化的未来趋势提供参考。

一、日本的人口预测

随着人口学和统计学的发展，众多的人口预测方法和技术随之出现。从预测的目的来看，人们的关注点发生了从人口规模到人口结构，再到全部人口因素的演变。从预测方法来看，由最初简单的数学函数方法发展为统计预测方法，进而出现了人口学的预测方法。到了现代，随着人口数据质量的提高和数量的增加，学者将以往的统计学方法与现在的人口学方法相结合，形成目前综合的人口预测方法。[③]

人口学方法中的队列因素法既利用了人口变动因素的参数（如出生率、总和生育率、死亡率、净迁移率等），又利用了人口普查、人口抽查，以及人口登记

[①] 王广州．中国人口预测方法及未来人口政策 [J]．财经智库，2018，3 (3)：112-138；144．

[②] 国立社会保障·人口問題研究所．日本の将来推計人口 [EB/OL]．(2017-07-31) [2020-01-10]．http：//www.ipss.go.jp/pp-zenkoku/j/zenkoku2017/pp29 _ ReportALL. pdf．

[③] 田飞．人口预测方法体系研究 [J]．安徽大学学报（哲学社会科学版），2011，35 (5)：151-156．

中的分性别、分年龄的各种人口队列数据，利用的人口信息最多，且充分考虑了人口学理论，因此已经成为当今世界上公认的人口预测模式。[①] 队列因素法又分为场景预测法和概率预测法两类。场景预测法就是常见的根据历史参数人为地设置未来参数，并分为高、中、低三个方案的方法，又称专家值法。概率预测法是在考虑未来参数估计值不确定性的基础上计算预测的概率区间的方法。古典概率预测法是通过已有数据拟合出统计模型进行概率区间的计算。现代概率预测法则是通过反复抽取、计算累计概率分布来计算各置信水平下的概率区间，目前联合国人口司所采用的人口预测方法即为这种方法。

日本官方的人口预测在日本被称为"日本的将来推计人口"，由国立社会保障·人口问题研究所实施，每5年进行一次预测，"二战"后至今已实施了15次。其预测结果在日本被用作政府设计各种社会保障制度和经济、社会计划的基础资料。其预测方法以队列因素法为基础，利用历史出生同批人数据推算预测所需的各项参数，具体的预测流程如图3.4所示。

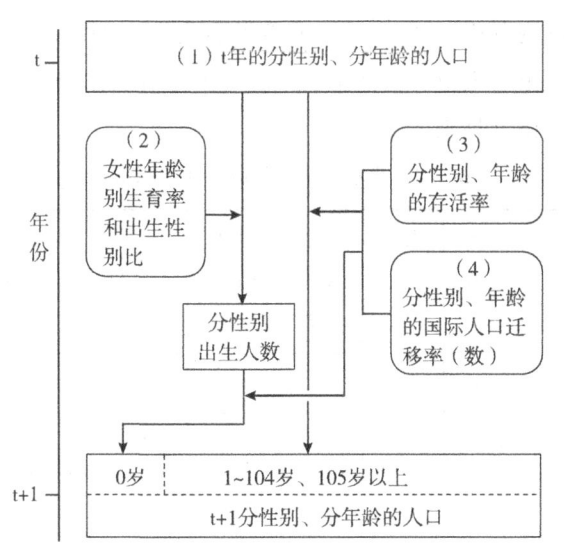

图 3.4 日本人口预测流程

（资料来源：国立社会保障·人口问题研究所 2017 年人口预测资料）

利用队列因素法进行人口预测需要四个方面的数据资料：基准年的人口数据、未来的生育率、未来的存活率和未来的国际人口迁移率。日本的人口预测所

---

① 田飞. 场景预测方法与概率预测方法的比较［J］. 统计与决策，2011（18）：20-22.

采用的基准年人口数据通常是距离预测最近的一次国势调查的数据，如最近一次2017年的人口预测采用的就是2015年国势调查的数据。未来生育率的数据是利用历史出生同批人数据，结合近年的婚姻、生育动态推算未来的女性年龄别生育率来确定的。未来的存活率是结合近年的死亡动态，绘制未来生命表推算出来的。国际人口迁移率是根据近年日本人的国际迁移、外国人（相对于日本）的国际迁移和更改国籍情况推算出来的。日本的人口预测方法中最难获得的资料，是历史出生同批人数据，这需要长期一贯的人口统计资料作为支撑。由于统计口径不一或统计年份间隔不同等原因，很难获得中国的历史出生同批人数据。

二、超少子化将长期延续

日本的人口预测对未来的出生和死亡都分别有高位、中位和低位三种预测方案，因此组合后共有9种预测结果。由于中位预测在统计学上符合实际人口发展情况的概率最高，因此本节主要针对出生中位和死亡中位方案的预测结果进行分析。为了便于后续的分析，现将2065年为止部分年份日本的总人口、总和生育率、人口出生率、出生人数、自然增长率和年龄三分区人口比重的中位预测数据进行整理，绘制表格（见表3.2）。

表3.2 日本少子化预测主要数据汇总

年份（年）	总人口（万人）	总和生育率	人口出生率（‰）	出生人数（万人）	自然增长率（‰）	0~14岁人口比重（‰）	15~64岁人口比重（‰）	65岁及以上人口比重（‰）
2020	12 532.5	1.43	7.2	90.2	−4.1	12.0	59.1	28.9
2025	12 254.4	1.42	6.9	84.4	−5.5	11.5	58.5	30.0
2030	11 912.5	1.43	6.9	81.8	−6.6	11.1	57.7	31.2
2035	11 521.6	1.43	6.8	78.2	−7.6	10.8	56.4	32.8
2040	11 091.9	1.43	6.7	74.2	−8.4	10.8	53.9	35.3
2045	10 642.1	1.44	6.6	70.0	−9.0	10.7	52.5	36.8
2050	10 192.3	1.44	6.4	65.5	−9.2	10.6	51.8	37.7
2055	9 744.1	1.44	6.3	61.3	−9.7	10.4	51.6	38.0

(续表)

年份（年）	总人口（万人）	总和生育率	人口出生率（‰）	出生人数（万人）	自然增长率（‰）	0~14岁人口比重（％）	15~64岁人口比重（％）	65岁及以上人口比重（％）
2060	9 284.0	1.44	6.3	58.3	−10.5	10.2	51.6	38.1
2065	8 807.7	1.44	6.3	55.7	−11.4	10.2	51.4	38.4

资料来源：根据国立社会保障·人口问题研究所2017年人口预测资料中的出生、死亡中位预测数据整理。

（一）总和生育率和人口规模

从总和生育率的预测情况来看，日本的总和生育率在未来半个世纪将稳定在与现在基本持平的水平，日本的超少子化阶段将一直延续下去。总和生育率低于人口更替水平过多、持续时间过长，将导致人口规模的大幅度缩减，日本的总人口将在未来半个世纪持续负增长，将于2053年跌破一亿大关，进而在2065年下降至8 808万人。这一数字与日本人口峰值相比，整整减少了4 000万人，人口规模缩减了约三分之一（见图3.5）。

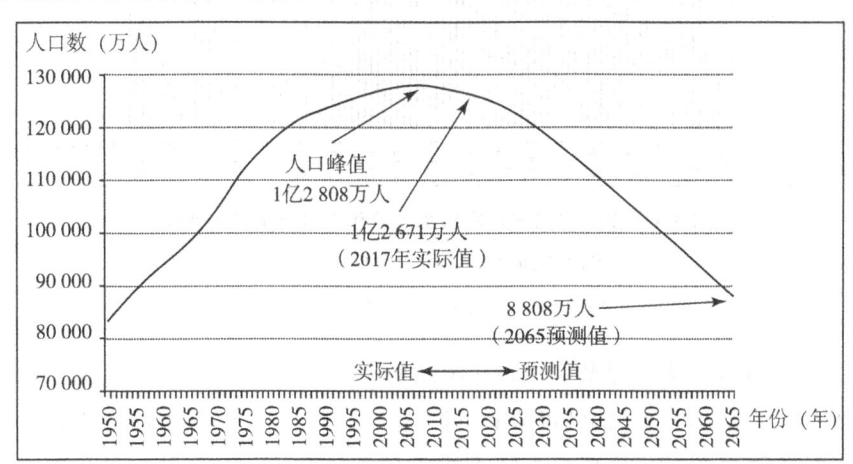

图3.5 日本总人口的变化

（资料来源：2017年前的数据来自日本总务省统计局人口推计长期数据；2017年的数据来源同表3.2。）

（二）人口出生率、出生人数和人口自然增长率

从人口出生率的预测情况来看，日本的出生率将在未来半个世纪逐渐下降至

6.3‰。虽然与现在人口出生率7.5‰相比降幅不大，但这并非乐观的状况，而是因为日本的人口出生率已经下降至极低的水平，很难再有更大的下降空间。虽然人口出生率并未明显地下降，但由于人口绝对数的不断减少，日本未来的年出生人数也将不断减少。到2065年，预测日本的出生人数将仅有55.7万人，不到现在出生规模的6成，与少子化之初相比更是不及3成。出生人口数的持续减少，加上老龄化导致的死亡率上升的影响，日本的人口自然增长率将在未来半个世纪中继续下降，至2065年，将下降到－11.4‰的超低水平。

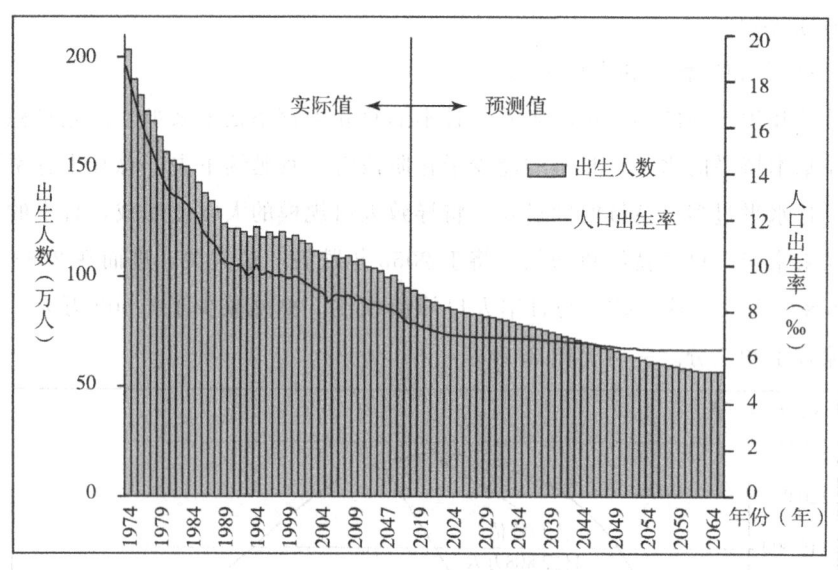

图3.6 少子化以来日本出生人数和人口出生率的变化

（资料来源：2017年之前的数据来源同图3.1，
2017年之后的数据来源同表3.2。）

（三）少年儿童人口系数和人口年龄结构

从人口年龄结构的预测情况来看（图3.7），到2065年日本的少年儿童人口系数将下降到10.2%，比现在下降了约2个百分点。少年儿童人口系数的降幅不大，一方面，是因为日本出生人口不断减少的同时，人口规模也在不断缩减，同方向减小的变动趋势减缓了二者比例关系的变化速度。另一方面，日本老年人口的比重在未来仍将持续地上升，到2065年将达到惊人的38.4%。也就是说，在届时的日本，每10个人中就有近4个人是65岁及以上的老年人。日本劳动年龄人口的比重也会在未来不断降低，到2065年将下降至50%左右。届时日本的人口负担系数将接近100%，这无疑是整个人类发展历史上前所未有的严峻形势。

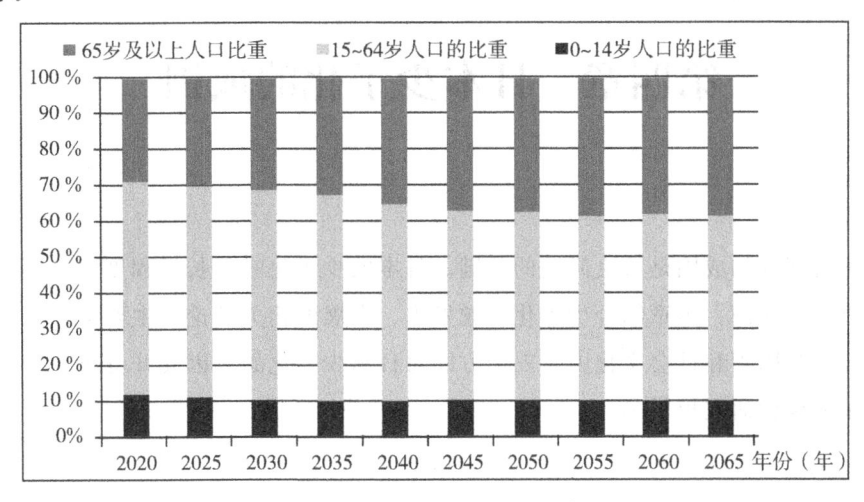

图 3.7 日本人口年龄结构的未来预测

（资料来源：同表 3.2。）

第四章 日本少子化的成因

了解问题的成因是解决问题的关键。日本的少子化时间长且程度深,其背后有着复杂的成因。本章结合少子化问题发生、发展的相关理论,主要从人口学因素、经济学因素和社会文化因素三个方面对日本少子化的成因展开分析,为少子化对策的优化研究提供参考。

第一节 少子化的人口因素

中介变量理论认为,任何环境变化的因素和社会经济因素只有通过影响一套中介变量才能作用于人类的生育水平,而婚姻和生育率是中介变量中最主要的人口因素。本节通过整理数据资料,分析日本婚姻状况和婚内生育状况的变化趋势,并应用改进的"寇尔生育指数模型"分析已婚比例和婚内生育率对日本生育水平下降的不同作用方式,分析日本少子化的人口学因素。

一、人口因素的作用机理

中介变量理论由戴维斯和布雷克首先提出,后来美国人口学家邦戈茨(J. Bongaarts)建立了综合生育模型,并提出了直接影响生育水平的中介变量。[1] 其中婚姻是最重要的中介变量之一,社会、经济、文化、宗教等其他因素都是通过中介变量间接地影响人类的生育水平的。

分析婚姻和生育对日本少子化的作用,必须要厘清婚姻和生育的关系,以及二者对生育水平下降的直接作用。婚姻对一个人口群体生育的影响可以反映在该人口群体的已婚比例上。人类的生育过程都是通过特定时代的婚姻制度,并在特

---

[1] 李永胜.人口统计学 [M].成都:西南财经大学出版社,2002:147.

定的婚育观念支配下实现的,因此婚姻状况是影响生育的最直接、最重要的因素。从影响生育行为的各种因素发挥作用的时间跨度来看,婚姻对人口生育产生影响的时间最长;从人类的婚育史来看,婚姻对生育的作用不会因为社会形态的发展和时代的变迁而丧失,只会改变其作用形式。[①]

具体来看,婚姻状况(已婚比例)与生育率之间存在如下关系:

$$\frac{B}{W} = \frac{MW}{W} \times \frac{B}{MW} \quad (式4.1)$$

式中,B 为出生人数,W 为育龄妇女人数,MW 为已婚育龄妇女人数,即在假设非婚生育微乎其微、可以忽略不计的情况下,"生育率"="育龄妇女已婚比例"乘以"育龄妇女婚内生育率"。[②] 一个人口群体的生育率由两种因素决定,即育龄妇女已婚比例和育龄妇女婚内生育率。也就是说,如果婚内生育率不变,已婚比例下降,生育率必然下降。具体来看,已婚比例和婚内生育率的变化对生育率的作用有以下四种组合。

表 4.1 已婚比例与婚内生育率的组合

	婚内生育率上升	婚内生育率下降
已婚比例上升	生育率上升	由双方力量对比决定
已婚比例下降	由双方力量对比决定	生育率下降

由表 4.1 可以看出,想要维持生育率的稳定,在已婚比例下降的情况下,就必须提高婚内生育率,以抵消已婚比例下降的影响;在婚内生育率下降的情况下,就必须提高已婚比例,以抵消婚内生育率下降的影响。如果已婚比例和婚内生育率同时下降且无法控制,则无法阻止生育率的下降。

人口学研究通常把 15~49 岁作为女性的生理生育期,但实际上女性只有在结婚后才会进入有效生育期。初婚年龄分布情况能够反映一个人口整体结婚的时间,而结婚的时间又影响女性的有效生育期,因此初婚年龄分布情况对生育率有着直接的影响。结婚率和离婚率直接作用于一个人口的已婚比例,而初婚年龄推迟会降低各年龄段育龄妇女的已婚比例,从而缩短女性的有效生育期。此外,虽然女性的生理生育期长达 35 年,但不同年龄段的生育能力是不同的。普遍来说,

---

[①] 闫玉,马学礼.生育率下降与婚姻伦理观念的变革[J].社会科学战线,2014(2):178-181.
[②] 高文力,梁颖.关注婚姻状态变化对于生育水平的影响[J].人口与发展,2011,17(4):82-88;100.

20～29岁年龄段是女性生育能力最强、生育率最高的时期。初婚年龄的推迟会缩短女性处于生育力高峰的生育期，从而使生育率下降。

因此，育龄妇女的已婚比例和婚内生育率直接决定一个群体的生育水平，而其他的社会、经济因素通过影响育龄妇女的已婚比例和婚内生育率间接影响一个群体的生育水平。

二、婚姻状况对少子化的作用

从"二战"后到现在较为长期的数据资料显示，日本呈现出晚婚化与非婚化的趋势：结婚件数和结婚率自1972年以来一直呈下降趋势；平均初婚年龄一直呈上升趋势；已婚比例总体上呈下降趋势，并在近年来趋于稳定。

（一）结婚件数和结婚率的作用

结婚件数和结婚率是婚姻状况最基本的指标，可以直观地反映婚姻状况的变化情况。日本的结婚件数和结婚率在"二战"后5年内迅速下降，随后逐渐上升。随着1947—1949年的第一次婴儿潮期间出生的人口逐步进入结婚年龄，日本的结婚件数在1972年达到历史最高的110万对，在1970—1974年间均高于100万对。日本结婚率的峰值出现在1947年，高达12‰，在1970—1972年间也达到了10‰以上的较高水平。此后，日本的结婚件数和结婚率都迅速下降，1987年结婚件数降至70万对以下，结婚率下降至5.7‰。此后，结婚件数和结婚率一度有所回升，这可能是1971—1974年的第二次婴儿潮期间出生的人口逐步进入结婚年龄的缘故。但在总体上看，日本的结婚件数和结婚率自20世纪70年代至今一直呈下降的趋势。截至2017年，日本的结婚件数降至60.7万对，结婚率降至4.9‰，均创造了历史最低纪录。

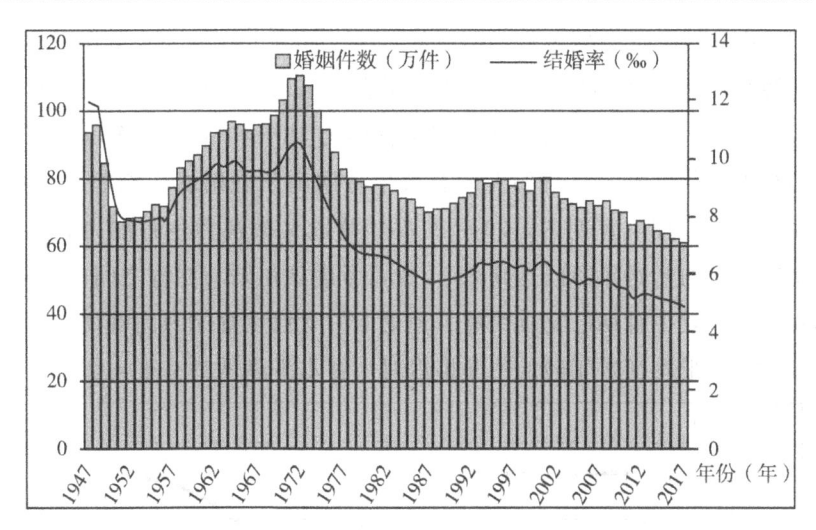

图 4.1 1947—2016 年日本的结婚件数和结婚率
（资料来源：根据日本国立社会保障·人口问题研究所
人口统计资料集（2019）相关数据绘制。）

日本结婚件数和结婚率的逐年下降，一方面是人口年龄结构的变化导致适婚年龄人口减少，另一方面是因为非婚化的推进。日本国立社会保障·人口问题研究所根据日本历次国势调查数据推算的结果显示，1960年，日本男性的终身未婚率为1.26%，女性为1.88%。此后这一比例一直呈上升的趋势。截至2015年，日本男性的终身未婚率已高达23.4%，女性的终身未婚率也达到了14.1%。作为一个传统意义上的普婚制国家，非婚化的推进无疑会给日本的婚姻状况造成深刻的影响，导致其生育水平降低。

（二）平均初婚年龄的作用

1947年，日本男性的平均初婚年龄为26.1岁，女性为22.9岁，二者相差3.2岁。此后，日本男性和女性平均初婚年龄的变化趋势大致相同，总体上都呈上升趋势。具体来看，从"二战"后到20世纪60年代末，日本男性和女性平均初婚年龄在波动中缓慢上升，自20世纪70年代开始快速上升，且女性平均初婚年龄上升的幅度更大，与男性平均初婚年龄的差距逐年减小。截至2017年，日本男性的平均初婚年龄为31.1岁，比1970年升高了4.2岁，比1947年升高了5岁；女性的平均初婚年龄为29.4岁，比1970年升高了5.2岁，比1947年升高了6.5岁。二者平均初婚年龄的差距缩小到1.7岁。

日本女性平均初婚年龄的大幅度上升，极大地降低了较低年龄组育龄妇女的已婚比例。由于日本的非婚生育比例极低，绝大部分生育行为发生在婚内，因此女性平均初婚年龄的推迟也在客观上推迟了女性平均初育年龄，缩短了育龄妇女的有效生育期。人口学定义的女性生理生育期为15～49岁，那么以目前日本女性的平均初婚年龄来看，育龄妇女的有效生育期由于晚婚的影响缩短了40％以上。而在女性的生理生育期内，20～29岁年龄段又被视为生育能力高峰期，目前日本女性的平均初婚年龄已达到29.4岁，考虑到初婚与初育之间的间隔时间，则日本女性的有效生育期已完全错过了理论上的女性生育能力高峰期。由此可以判断，日本女性平均初婚年龄的不断推迟对生育水平降低具有重大影响。

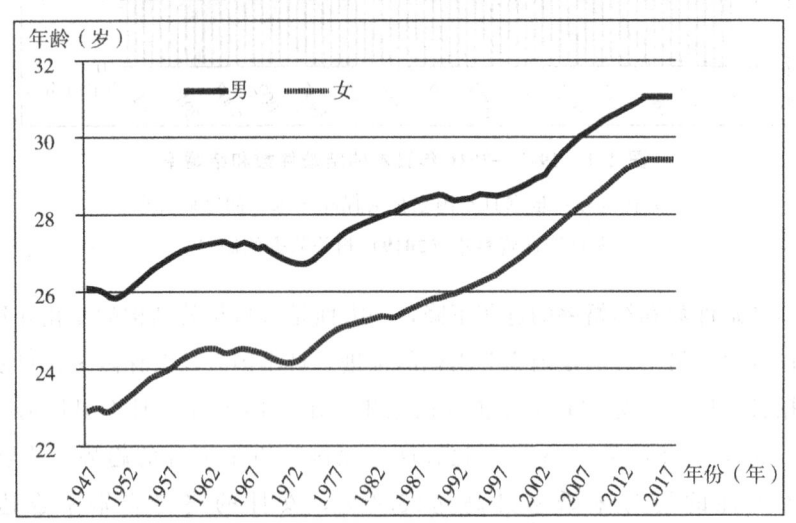

图 4.2　1947—2017 年日本的平均初婚年龄

（资料来源：同图 4.1）

（三）已婚比例的作用

通常认为女性的生育行为集中发生在 20～34 岁，即在一个人生命中精力相对旺盛的时期。但是随着晚婚晚育的推进，目前日本 35～39 岁年龄组女性的生育率已超过 20～24 岁年龄组。因此，我们将 35～39 岁年龄组的女性也考虑在内，选取 20～39 岁的女性作为分析日本已婚比例变化的代表人群。为了更好地分析日本女性已婚比例的变化，我们将 20～39 岁的女性进一步以 5 岁为单位分为四个年龄组进行分析（见表 4.2）。

表 4.2 日本 20～39 岁女性已婚比例的变化（%）

年份	20～24 岁	25～29 岁	30～34 岁	35～39 岁
1950	42.7	79.1	83.3	82.6
1960	31.2	76.4	86.0	85.9
1970	27.7	80.3	89.9	89.6
1980	21.9	74.5	88.1	90.3
1990	13.6	57.8	82.9	87.5
2000	11.3	43.5	69.0	79.9
2005	10.4	38.2	62.8	73.8
2010	9.5	37.1	60.8	69.8
2015	8.0	36.3	61.0	69.8

资料来源：同图 4.1。

可以看出，20～24 岁年龄组的女性已婚比例持续下降，由 1950 年的 42.7% 下降到了 2015 年的 8%，下降了 34.7 个百分点。25～29 岁年龄组的女性已婚比例在 1970 年之前存在一定的波动，但总体上也呈现出持续下降的趋势，由 1950 年的 79.1% 下降到 2015 年的 36.3%，下降了 42.8 个百分点。而 30～39 岁较高年龄组的女性已婚比例呈先上升后下降的趋势。其中，30～34 岁年龄组的女性已婚比例先由 1950 年的 83.3% 上升到 1970 年的 89.9%，之后下降到 2015 年的 61%，先上升了 6.6 个百分点，之后下降了 28.9 个百分点；35～39 岁年龄组的女性已婚比例先由 1950 年的 82.6% 上升到 1980 年的 90.3%，之后下降到 2015 年的 69.8%，先上升了 7.7 个百分点，之后下降了 20.5 个百分点。各年龄组女性已婚比例的变化也从侧面反映了初婚年龄的推迟。

从图 4.3 可以直观地看出，在 1950 年，只有 20～24 岁年龄组女性的已婚比例较低，其余 25～39 岁三个年龄组女性的已婚比例都较高，且差距很小，之后差距逐渐变大。可见处于生育能力高峰期的育龄妇女绝大多数处在非婚状态；而较高年龄组的育龄妇女中，30～34 岁年龄组的近四成和 35～39 岁年龄组的近三成处在非婚状态，也占到了很大的比重。育龄妇女已婚比例的持续下降，特别是处于生育能力高峰期的较低年龄组女性的已婚比例的大幅下降，是造成日本少子化的重要因素之一。

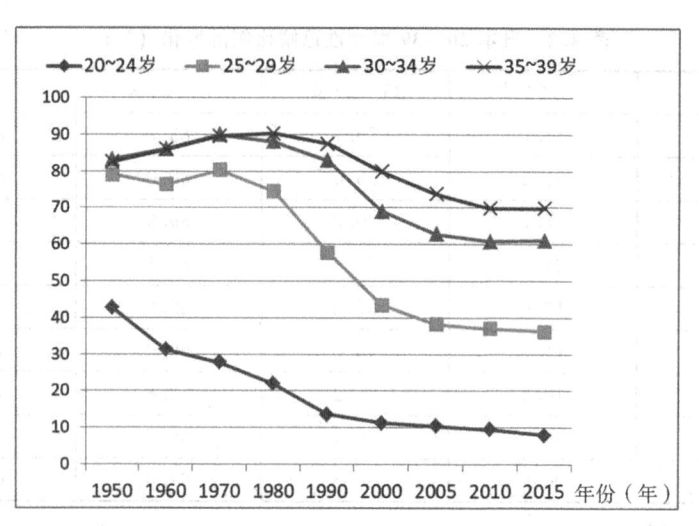

图 4.3　日本 20～39 岁女性已婚比例的变化　单位：%
（资料来源：同图 4.1）

三、婚内生育对少子化的作用

日本厚生劳动省人口动态统计数据显示，日本非婚生育的比例在 1965—1987 年之间一直维持在 1% 以下的极低水平，虽然之后逐年小幅上升，但截至 2017 年仍仅有 2.23%。可见，日本的绝大多数生育行为发生在婚内。婚内生育行为的变化直接影响生育率的变化。我们同样选取从"二战"后到现在较为长期的数据资料来分析日本婚内生育行为的变化。结果显示，日本女性的平均初婚初育间隔时间自 20 世纪 90 年代开始逐渐增长；自 20 世纪 60 年代以来，20～29 岁年龄组育龄妇女的婚内生育率在高位波动，并未出现明显的下降，而 30～39 岁年龄组育龄妇女的婚内生育率在低位缓慢上升。

（一）初婚初育间隔时间的作用

女性平均初婚年龄和平均初育年龄，以及二者之间的间隔是人口再生产的重要时间点，直接决定了有效生育期，进而影响生育水平。日本女性的平均初婚初育间隔时间在"二战"后长期维持在 1.7 年左右（见表 4.3），进入 20 世纪 90 年代以来开始逐渐增长。截至 2017 年，日本女性的平均初婚初育间隔时间已增长到 2.4 年。这意味着育龄妇女的有效生育期在受到初婚年龄推迟影响的基础上进一步缩短了 2.4 年。

表 4.3　日本女性初婚初育间隔时间的变化

年份	平均间隔（年）	2 年以下（%）	2~5 年（%）	5 年以上（%）	平均初婚年龄（岁）	平均婚内初育年龄（岁）
1955 年	1.7	82.2	14.8	2.9	23.8	25.5
1965 年	1.8	76.3	20.2	3.6	24.5	26.3
1975 年	1.6	79.3	17.8	3.1	24.7	26.3
1980 年	1.6	77.9	18.0	4.2	25.2	26.8
1985 年	1.6	77.0	19.0	4.1	25.5	27.1
1990 年	1.7	75.0	20.4	4.6	25.9	27.6
1995 年	1.8	70.5	24.2	5.4	26.3	28.1
2000 年	1.9	68.3	25.8	7.0	27.0	28.9
2005 年	2.1	63.5	27.2	9.2	28.0	30.1
2010 年	2.2	61.1	28.2	10.7	28.8	31.0
2015 年	2.4	56.3	32.1	11.5	29.4	31.8
2017 年	2.4	55.1	33.4	11.5	29.4	31.8

资料来源：根据日本厚生劳动省历年人口动态统计数据整理计算得出。

从增幅来看，2017 年日本女性平均初婚初育间隔时间较 1955 年增长了 0.7 年，虽然看似不大，但是从具体的时间分布来看发生了很大的变化。平均初婚初育间隔时间在两年以下的比例在 1955 年占到 82.2%，此后这一比例一直呈下降趋势，截至 2017 年已下降到 55.1%，下降了 27.1 个百分点；而平均初婚初育间隔时间在 2~5 年间的比例由 1955 年的 14.8% 上升到了 2017 年的 33.4%，上升了 18.6 个百分点；平均初婚初育间隔时间在 5 年以上的比例在 1955 年仅有 2.9%，但到了 2017 年上升到了 11.5%，上升了 8.6 个百分点。这表明选择在结婚后立即进行生育的女性越来越少，而选择在结婚后 2~5 年甚至更长时间之后才进行生育的女性越来越多。

初婚年龄推迟和初婚初育间隔时间增长的效果相叠加，进一步压缩了日本女性的有效生育期，推迟了平均初育年龄。1955 年日本女性的平均婚内初育年龄为 25.5 岁，此后一直呈上升趋势，截至 2017 年已升至 31.8 岁，上升了 6.3 岁。这意味着 2017 年日本女性的平均生育周期比 1955 年缩短了 6.3 年。有效生育期缩短会降低生育意愿，减少生育孩次，从而降低生育水平。

（二）婚内生育率的作用

与分析日本女性已婚比例的变化相同，我们选取了 20～39 岁的女性作为分析日本婚内生育率变化的代表人群。同样以 5 岁为单位分为四个年龄组进行比较分析（见表 4.4）。

表 4.4　日本 20～39 岁女性婚内生育率的变化（‰）

年份	20～24 岁 婚内生育率	生育率	25～29 岁 婚内生育率	生育率	30～34 岁 婚内生育率	生育率	35～39 岁 婚内生育率	生育率
1950 年	376.3	161.5	298.6	237.7	209.6	175.7	126.3	104.9
1960 年	341.7	107.2	237.2	181.9	92.7	80.1	27.8	24.0
1970 年	346.4	96.6	258.9	209.3	95.0	86.0	22.0	19.8
1980 年	352.1	77.0	243.3	181.4	82.9	73.1	14.3	12.9
1985 年	344.4	61.8	262.3	177.8	99.2	85.5	19.9	17.6
1990 年	332.1	44.8	241.3	139.8	112.3	93.2	23.7	20.8
1995 年	326.1	40.4	233.8	116.0	123.4	94.4	30.8	26.2
2000 年	359.7	39.9	230.1	99.5	136.0	93.5	40.2	32.1
2005 年	363.5	36.6	225.4	85.3	136.7	85.6	49.1	36.1
2010 年	386.1	36.1	239.2	87.4	157.3	95.3	66.3	46.2
2015 年	345.0	29.4	205.7	85.1	148.3	103.3	68.7	56.4

资料来源：同图 4.1。

横向比较来看，四个年龄组的婚内生育率在各个时期均随着年龄的增加而递减。纵向比较来看，对于 20～24 岁年龄组，婚内生育率始终在较高的水平波动，并没有出现明显的下降，但是该年龄组的生育率始终呈下降趋势，且下降的幅度很大。根据婚姻状况与生育率之间的关系，即生育率＝育龄妇女已婚比例×育龄妇女婚内生育率。可见对于该年龄组，在婚内生育率大致保持不变的情况下，已婚比例的大幅下降导致生育率下降。

对于 25～29 岁年龄组，婚内生育率在 1950—1960 年间下降的幅度稍大，在 1960—1985 年间存在小幅的波动，1985 年后呈下降的趋势，但下降的幅度不大。而该年龄组的生育率一直呈下降的趋势。结合婚姻状况与生育率之间的关系，以及已婚比例和婚内生育率对生育率影响的四种组合来看，对于该年龄组，在 20

世纪 80 年代之前已婚比例大致保持不变的情况下（见表 4.2），婚内生育率的下降导致生育率的下降；此后，婚内生育率和已婚比例同方向下降，导致生育率的下降。

对于 30～34 岁年龄组，婚内生育率在 1950—1960 年间迅速下降，之后呈现缓慢上升的趋势。该年龄组生育率的变化趋势与婚内生育率的变化趋势趋同。35～39 岁年龄组的情况与 30～34 岁年龄组大致相同，婚内生育率和生育率都是先迅速下降，再缓慢上升，只是二者较 30～34 岁年龄组都处在相对低位，但二者的变化趋势更为趋同。结合已婚比例和婚内生育率对生育率影响的四种组合来看，对于这两个年龄组，前期已婚比例上升，婚内生育率下降，婚内生育率的作用强度高于已婚比例，导致生育率下降；后期情况相反，即已婚比例下降，婚内生育率上升，但婚内生育率的作用强度仍高于已婚比例，导致生育率上升。

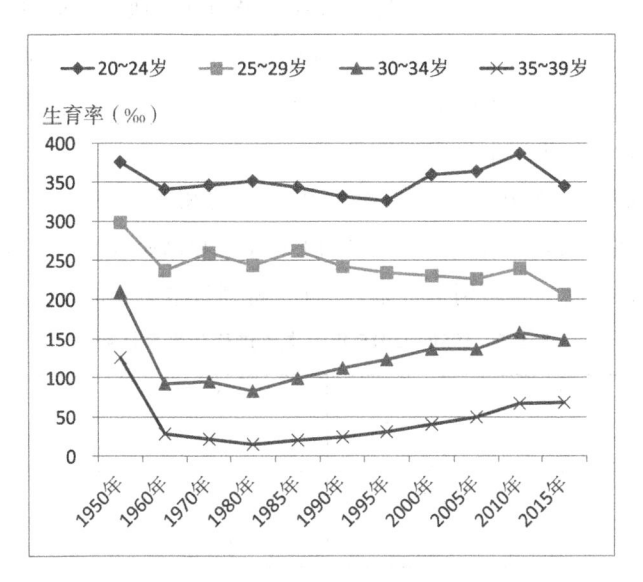

图 4.4 日本 20～39 岁女性婚内生育率的变化
（资料来源：同图 4.1）

值得注意的是，2005—2010 年，四个年龄组的婚内生育率都出现了较为明显的上升，这与日本总和生育率自 2005 年开始触底反弹的趋势相吻合。日本学界也普遍认为是日本政府一系列鼓励生育的少子化对策起到了积极作用，导致了总和生育率的上升，这与本研究的观察结果一致。但是 2010—2015 年，20～29 岁年龄组的婚内生育率出现了较为明显的下降，30～34 岁年龄组的婚内生育率也出现了略微的下降,而 35～39 岁年龄组的婚内生育率基本保持不变。与之相对应的,日本总和生育率微增的趋势自 2013 年起出现了波动和停滞。较低年龄组育龄妇女的婚内生育率长期在高位波动后开始下降,较高年龄组育龄妇女的婚内生育率不再缓慢上升,是否说明日本政府当前少子化对策的效果难以为继,值得深入地讨论。

四、婚姻和生育作用组合分析

为了分析婚姻状况和婚内生育状况是以怎样的组合方式共同作用于日本生育水平的下降过程,本部分研究引入寇尔生育指数模型。寇尔生育指数是寇尔(A. J. Coale)等人口学家在主持"欧洲出生率研究"课题时共同提出的,旨在证明已婚比例对欧洲生育水平的变化具有重要影响。[①] 传统的寇尔生育指数无法消除年龄结构的影响,故适用于人口转变过程缓慢的欧洲地区,但对于人口转变剧烈的日本存在一定局限性。因此,本书选取张笑秋(2009 年)提出的改进寇尔生育指数对日本生育水平下降的过程进行分析。改进的寇尔生育指数因消除了年龄结构的影响,其分析结果更客观准确。[②]

在数据方面,本文根据日本历次国势调查的相关数据整理计算了 1950—2015 年日本育龄妇女的 5 岁年龄组别婚内生育率和已婚比例,标准生育率仍采用哈特莱特已婚妇女的年龄别生育率,[③] 计算得到日本历年的改进寇尔生育指数。

表 4.5　1950—2015 年日本改进寇尔生育指数

	I_f	I_g	I_m
1950 年	0.293	0.460	0.635
1955 年	0.190	0.313	0.608
1960 年	0.161	0.264	0.611
1965 年	0.172	0.274	0.628
1970 年	0.167	0.265	0.631

---

① 邱红,赵腾腾:日本生育水平变化分析 [J]. 人口学刊,2017,39 (5):94-102.
② 张笑秋:寇尔生育指数的改进及其应用分析:基于女性婚姻结构对生育水平的影响研究 [J]. 中国人口科学,2009 (3):58-66;112.
③ 注:哈特莱特已婚妇女年龄别生育率具体值参见李永胜:《人口统计学》,成都:西南财经大学出版社,2002 年版,第 152 页。改进寇尔生育指数的具体计算方法参见张笑秋:《寇尔生育指数的改进及其应用分析——基于女性婚姻结构对生育水平的影响研究》,《中国人口科学》2009 年第 3 期。

(续表)

	I_f	I_g	I_m
1975 年	0.153	0.244	0.635
1980 年	0.141	0.231	0.607
1985 年	0.141	0.243	0.576
1990 年	0.124	0.227	0.539
1995 年	0.114	0.227	0.502
2000 年	0.109	0.240	0.464
2005 年	0.101	0.243	0.424
2010 年	0.111	0.279	0.404
2015 年	0.117	0.261	0.397

资料来源：根据日本历次国势调查资料计算得出。I_f 为一般生育指数、I_g 为婚内生育指数、I_m 为已婚比例指数。

依据一般生育指数（I_f）变化的阶段性特征，我们可以把日本寇尔生育指数的变化过程划分为四个阶段：1950—1960 年是生育率迅速下降的阶段；1960—1975 年是生育率相对稳定的阶段；1975—2005 年是生育率持续下降的阶段；2005 年之后是生育率出现回升的阶段。为进一步分析已婚比例、婚内生育率在各阶段对日本生育率变动的不同作用方式，需要计算已婚比例、婚内生育率在各阶段的贡献值。贡献值的计算可由下式得到。

$$\Delta I_f = I_{f2} - I_{f1} = Ig_{t2} \times Im_{t2} - Ig_{t1} \times Im_{t1}$$
$$= Ig_{t2}(Im_{t2} - Im_{t1}) + (Ig_{t2} - Ig_1)Im_{t1}$$
$$= Ig_{t2} \times \Delta I_m + \Delta I_g \times Im_{t1} \quad \text{(式 4.1)}$$

式中，I_{ft1} 为 t_1 年改进的生育指数；I_{ft2} 为 t_2 年改进的生育指数；I_{gt1} 为 t_1 年改进的婚内生育指数；I_{gt2} 为 t_2 年改进的婚内生育指数；I_{mt1} 为 t_1 年改进的已婚比例指数；I_{mt2} 为 t_2 年改进的已婚比例指数。

由此计算得出 ΔI_f、ΔI_g、ΔI_m 的变化情况，如表 4.6 所示。

表 4.6　1950 年—2015 年日本改进寇尔生育指数的变化

	改进寇尔生育指数变动值		
	ΔI_f	ΔI_g	ΔI_m
1950—1960 年	−0.132	−0.196	−0.024
1960—1975 年	−0.008	−0.02	0.024
1975—2005 年	−0.052	−0.001	−0.211
2005—2015 年	0.016	0.018	−0.027
	贡献率		
	婚内生育贡献率（%）	已婚比例贡献率（%）	合计（%）
1950—1960 年	95.16	4.84	100
1960—1975 年	192.02	−92.02	100
1975—2005 年	1.22	98.78	100
2005—2015 年	1304.62	−1204.62	100

数据来源：根据表 4.5 计算得出。

通过日本寇尔生育指数及婚内生育贡献率、已婚比例贡献率在四个阶段的变化可以看出，婚内生育率和已婚比例通过不同的作用方向和作用强度的组合，以不同的作用方式决定了生育率阶段性的变化。

第一阶段（1950—1960 年）婚内生育率和已婚比例按同方向下降，共同导致生育水平的迅速下降。这一阶段一般生育比较指数（I_f）由 0.293 下降到 0.161，婚内生育比较指数（I_g）由 0.460 下降到 0.264，而已婚比例比较指数（I_m）由 0.635 下降到 0.611。从婚内生育率和已婚比例的贡献率来看，这一阶段婚内生育贡献率达到 95.16%，而已婚比例贡献率仅为 4.84%。可见，这一阶段婚内生育率的下降完全主导了生育率的下降，而已婚比例的变化只起到了辅助作用。

第二阶段（1960—1975 年）是生育率相对稳定的阶段。这一阶段一般生育比较指数（I_f）的降幅仅为 0.008，婚内生育比较指数（I_g）由 0.264 下降到 0.244，而已婚比例比较指数（I_m）由 0.611 上升到 0.635，二者的变化都比较微弱，可以理解为二者作用方向相反，但作用强度几乎相等。可见，这一时期婚内生育率下降的影响和已婚比例上升的影响相互抵消，使生育率保持在相对稳定的状态。

第三阶段（1975—2005 年）持续的时间最长，也是对日本少子化进程影响最深刻的阶段。这一阶段一般生育比较指数（I_f）由 0.153 下降到 0.101，婚内生育比较指数（I_g）在 0.227～0.244 之间小幅波动，而已婚比例比较指数（I_m）由 0.635 下降到 0.424，降幅很大。从婚内生育率和已婚比例的贡献率来看，这一阶段婚内生育贡献率仅为 1.22%，已婚比例贡献率为 98.78%。可见，这一阶段婚内生育率和已婚比例虽然与第一阶段一样按同方向下降，共同导致生育水平的下降，但二者的作用强度对比发生了变化，生育率的下降转为由已婚比例下降主导。

第四阶段（2005 年至今）一般生育比较指数（I_f）由 0.101 回升至 0.117，虽然增幅比较微弱，但是其持续下降半个多世纪之后首次出现了回升。婚内生育比较指数（I_g）由 0.243 上升到 0.61，在四个阶段中首次出现增长。而已婚比例比较指数（I_m）继续小幅下降，由 0.424 下降到 0.397。从婚内生育和已婚比例的贡献率来看，这一时期二者作用方向相反，作用强度大致相当。可见，这一时期日本婚内生育率的上升是近年来日本总和生育率出现微增的主要原因。而已婚比例的持续下降在这一时期对生育水平的上升起到了一定的反作用。

纵向对比婚内生育率和已婚比例在各阶段中的作用，婚内生育率在第一阶段起主导作用，在第三阶段起辅助作用，其作用方向始终与生育率的变动方向相同。已婚比例在第一阶段起辅助作用，在第三阶段起主导作用，在第四阶段起到了一定的反作用，其作用方向在一、三阶段与生育率的变动方向相同，在第四阶段与生育率的变动方向相反。也就是说，日本的生育率在第一阶段下降主要受婚内生育率下降的影响，在第三阶段下降主要受已婚比例下降的影响，在第四阶段略微上升主要受婚内生育率上升的影响。

第二节 少子化的经济因素

生育分析理论和人口转变理论都表明，一个人口的生育水平会随经济的发展而下降。作为资本主义世界的后起国家，日本在"二战"后经历了 30 多年近乎奇迹的经济增长[1]，一跃成为仅次于美国的世界第二大经济体。其后，日本经济又经历了低速稳定增长和持续萧条的阶段。本节结合经济学原理，分析了日本少子化背后的经济成因。

---

[1] 梁军. 简论日本经济持续萧条的原因与影响 [J]. 日本学刊，2013 (6)：67-86；158-159.

一、育儿成本效用因素

莱宾斯坦成本效用理论认为,只有在养育子女的预期效益超过预期成本时,人们才会决定生育。随着日本经济的发展,养育子女的成本早已远高于效用。这正是在微观经济学层面造成日本少子化的主要原因。

(一)养育子女的直接成本和间接成本大幅上升

日本内阁府《国民生活白皮书》显示,日本夫妻年龄在 30 岁以上且孩子年龄在 6 岁以下的家庭中,有 32 ％的家庭年收入低于 400 万日元(约 3.4 万美元)。但养育一个 1~3 岁的儿童平均每年需支出 50 万日元(约 4 300 美元),4~6 岁儿童每年的抚养费则达到 65 万日元(约 5 600 美元)。[①] 而平均养育一个孩子所需的花费至少是 1 800 万日元,如果算上供养孩子上高中和大学的费用,则大约是 2 100 万日元。[②] 这对于日本的育儿家庭无疑是十分沉重的经济负担。国家虽然对生育孩子在财政上有所补助,但作用极为有限。而且,日本整个社会的高学历化、高教育化使得相当一部分已婚人群因子女高额教育费支出而减少甚至放弃生育。

同时,日本养育子女的间接成本也在不断上升。随着女性受教育程度和社会参与度的提升,日本固有的社会性别角色分工不断弱化,这意味着女性养育子女会付出更多的机会成本。按照劳动经济专家估算,日本女性因为生孩子辞职,在经济上比同时参加工作而没有辞职的女性(按照工作 30 年计算)少收入近 5 000 万日元。

(二)养育子女的效用不断降低

虽然孩子作为"消费品"给父母带来的消费效用维持不变,但随着经济的发展,日本养育子女的养老效用和收入效用都在不断降低。

经过多年的改革,日本已建立了较为完善的养老保障体系。早在 1961 年,日本就进入了"国民皆年金"的时代。1986 年,日本引入了"基本养老金"制度,无论参保人员属于哪种养老金计划,工作年限长短,都可领取相同金额的养老金。[③] 完善的养老保险制度为日本国民提供了老年期的收入保障。同时,日本建立了完善的护理保险制度,为应对老年人口照料、护理等需求及实现老年期的健康生存提供了保障。因此,在日本已不存在类似"养儿防老"的需要,养育子

[①] 梁颖. 日本的少子化原因分析及其对策的衍变 [J]. 人口学刊, 2014, 36 (2): 91-103.

[②] 冯筱涵. 日本少子化政策经验及其对我国少子化政策的启示研究 [D]. 大连:东北财经大学,2016.

[③] 赵毅博. 日本养老保障体系研究 [D]. 长春:吉林大学,2014.

女的养老效用随之大大降低。

此外，随着日本人均收入的提高，养育子女的收入效用也在降低，甚至转为负效用。现在的日本社会早已不需要孩子作为劳动力为家庭带来额外的经济收入。相反，随着子女受教育年限的增长及生活成本的增加，日本的父母甚至要反过来补贴子女成年后的各种费用。

（三）实际生育数低于生育意愿

根据日本国立社会保障·人口问题研究所进行的出生动向基本调查的结果，日本自20世纪70年代后期开始，夫妻平均计划生育的子女数就一直低于平均理想子女数，实际已生育的子女数更是低于计划生育的子女数。而且计划生育的子女数和理想子女数从1987年开始都呈下降的趋势，如图4.5。截至2015年，夫妻计划生育的子女数从2.67人下降到2.32人，理想子女数从2.23人下降到2.01人。关于计划生育子女数低于理想子女数的原因，出生动向基本调查的结果显示，有超过六成的夫妇选择了"育儿、教育等产生的费用过多"。可见，高昂的养育子女成本是导致日本生育水平低下的主要原因之一。

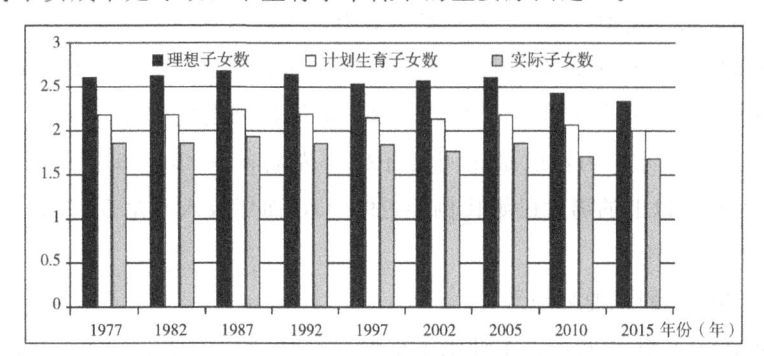

图4.5 理想子女数、计划生育子女数和实际子女数的变化

（资料来源：根据日本国立社会保障·人口问题研究所第7～15次出生动向基本调查数据整理）

二、收入和雇佣因素

自20世纪90年代初泡沫经济崩溃以来，日本经济长期低迷，经济增长趋于停滞。经济的长期低迷造成失业率的上升，不仅严重影响普通家庭的收入，更使得年轻一代的就业环境恶化，经济收入极不稳定。这些因素客观上导致了少子化在这一阶段迅速深化，生育水平跌入"低生育率陷阱"。

(一) 经济收入不稳定

自日本经济陷入低迷停滞期以来，国内劳动市场的供求状况恶化，长久以来的终身制雇佣制度和年功序列制的工资制度失去了维持的基础，导致育儿家庭的经济收入不稳定。特别是育儿家庭的男性失业率上升，会降低家庭收入，使配偶被迫进入劳动市场，对生育起到了极大的抑制作用。[①]

日本总务省劳动力调查的长期数据显示，男性和女性的完全失业率都从1991年开始出现了明显的上升，特别是年轻人的完全失业率明显高于全国平均水平。男性的完全失业率从1991年的2%上升到了2003年的11.6%，女性的完全失业率从1991年的2.2%上升到了2002年的5.1%。虽然此后完全失业率开始缓慢地下降，但是从1991年至21世纪初这段时间是日本少子化迅速深化的时期。期间不断上升的完全失业率令日本的总和生育率跌入"低生育率陷阱"，并于2005年下降到了历史最低的1.26。

对于未婚的年轻男性，收入不稳定会导致其结婚难的问题。日本总务省2012年的就业构造基本调查结果显示，日本25～39岁男性的已婚比例与其年收入有正相关关系。其中，在25～29岁年龄组，年收入在900万日元以上的男性已婚比例高达50%以上，而年收入不足50万日元的男性已婚比例仅有10%；在30～34岁年龄组，年收入在900万日元以上的男性已婚比例达到80%上，而年收入不足50万日元的男性已婚比例仅有20%左右；在35～39岁年龄组，年收入在900万日元以上的男性已婚比例接近90%，而年收入不足50万日元的男性已婚比例不足40%。

(二) 年轻人的就业环境恶化

20世纪90年代开始，日本迎来了重要的经济结构转型期。随着全球化、服务产业化、信息化等发展，"适应全球化条件下高生产效率的劳动者"人数在增加，同时对"不强调生产效率的简单劳动者、服务行业劳动者"的需求也在增加，劳动环境朝着两极分化的方向演变。随之而来的是各种经济管制放宽、派遣工等非正式员工人数增多、对个体经营的保护减弱，许多年轻人不得不沦为非正式就业劳动者。[②]

日本总务省劳动力调查的长期数据显示，自20世纪90年代以来，日本的非

[①] 佐藤一磨. 夫の失業は出産を抑制するのか [J]. 経済分析, 2018 (3): 70-93.
[②] 山田昌弘, 胡澎. 少子化问题的亚洲特征：日本与欧美比较的视角 [J]. 日本学刊, 2019 (2): 87-97.

正式就业劳动者的比例一直在缓慢上升，其中年轻人的非正式就业比例上升的速度明显比其他年龄段更快。1991—2018年，日本男性非正式就业的比例从8.5％上升到22.4％。其中，15～24岁男性的非正式就业比例从21.4％上升到49.8％；25～34岁男性的非正式就业比例从2.8％上升到14.7％。同一时期日本女性非正式就业的比例从37.2％上升到56.8％。其中，15～24岁女性的非正式就业比例从20.3％上升到55.8％；25～34岁女性的非正式就业比例从25.3％上升到38.8％。

此外，非正式就业中仅仅依靠打零工和小时工为生的年轻人也在增加，甚至出现了"NEET"[①]一族，即不上学、不就业、不进修或不参加就业辅导的社会族群。这些年轻人由于不断更换工作或完全不工作，一般都会晚婚甚至不婚，对日本的生育水平也造成了负向影响。

年轻人非正式就业比例的大幅上升表明日本年轻人的就业环境在不断恶化。这使得年轻人的收入得不到保障，很多年轻人出现了落差，因此无法实现其结婚、生育的意愿。这种落差主要体现在两个方面：一是年轻一代与父母一代的收入差距；二是年轻一代之间，非正式就业者与正式就业者之间的收入差距。从图4.6可以看出，日本年轻男性中正式就业者的有偶率明显高于非正式就业者；而非正式就业者中，打零工或小时工的年轻男性有偶率最低。

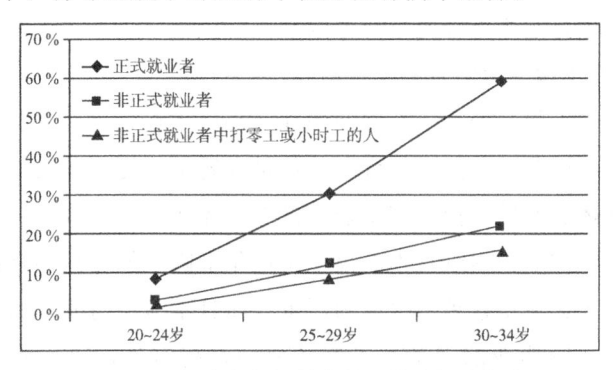

图4.6 日本年轻男性的就业状态与有偶率

（资料来源：日本总务省2017年就业构成基本调查）

（三）职场性别歧视未能有效改善

世界经济论坛《2012年全球性别差距报告》显示，在衡量经济参与和机会

---

① 注："NEET"是英语"Not in Employment, Education or Training"的缩写。

的性别平等指标上，日本在报告涵盖的 135 个国家中排名第 102 位，是世界上性别差距最大的国家之一。日本女性就业率比男性约低 25％，是发达国家中女性就业率最低的国家。日本传统上是一个以男性主导的社会，在大部分企业中，男性职工的终身雇佣制与年功序列制度根深蒂固，即使从事同样的工作，平均而言，女性职工的工资待遇要比男性低 72％左右。除韩国外，日本是 OECD（经济合作与发展组织）国家中工资性别差距最大的国家。

一般来讲，日本女性毕业后参加社会劳动，到结婚、育儿期间退出劳动力市场，待孩子长大后再次进入劳动力市场，形成婚前就业高峰和育儿期后再就业高峰的 M 型就业模式。因此，日本女性在职场中很难得到晋升，职业发展空间极为有限，更难进入管理层。[①] 同时，生育后的女性再就业面临困境，尽管有些公司保证员工在享受为期 1 年的产假后还能回来工作，但一般无法回到原来的岗位，一切都要从头开始。大部分因生育而辞职的女性，在孩子长大后再就业时处于劣势，很难找到一份全日制的正式工作，往往只能从事临时工或小时工等工作。

三、工作生活对立的因素

日本加班文化盛行，长时间劳动的问题十分普遍。加之长期以来受"男主外、女主内"的传统观念的影响，日本女性很难兼顾工作和生活。工作和生活的矛盾是导致日本生育水平下降的重要原因之一。

（一）女性工作和生活的矛盾无法调和

日本促进女性工作与养育子女之间的社会环境不够完善，主要体现在育儿休假制度不够普及，以及幼儿园、保育所的数量和容量不足。虽然绝大多数的企业在名义上有育儿休假制度，但很多企业并没有具体实施，或者女性职工不能充分享受到育儿假期。同时，尽管日本的出生率连年下降，但各地仍存在着不少排队等待入园的问题，大城市这种情况更为严重。而日本劳动力非常昂贵，一个专职保姆的工资可能比刚毕业的大学生工资还要高，超出了普通家庭能够承受的范围。因此，日本女性的工作和生活之间存在着不可调和的矛盾，很多女性为了工作不得不推迟生育，甚至完全放弃生育。

日本厚生劳动省 2016 年进行了"工作和家庭兼顾相关问题"劳动者问卷调查。其中，关于女性因生育前后辞职的理由，结果显示，排在首位的仍是"为了

---

① 肖扬．日本政府为促进妇女就业采取的对策 [J]．中国妇运，2001（5）：45-46；24．

专心于家务和育儿自发辞职",紧随其后的理由就是"如果想继续工作的话,工作和育儿无法兼顾",且选择这一项的女性中正式就业者的比例明显高于非正式就业者。关于工作和育儿无法兼顾的理由,排在前三位的分别是工作时间不合适、难以取得育儿休假和自己的体力跟不上(如图4.7)。此外,有27.5%非正式就业的女性回答"公司没有产假或育儿休假制度";有四分之一正式就业的女性回答"职场里没有支援工作和生活兼顾的氛围"。直到今天,很多日本女性仍然面临着工作和生育只能二选一的局面。

理由	非正式就业者	正式就业者
其他	0.0%	0.25%
不了解产假或育儿休假制度	6.3%	2.5%
家人希望自己辞职	0.0%	10.0%
职场里没有支援工作和生活兼顾的氛围	8.3%	25.0%
不易取得产假	16.7%	17.5%
女女无法入园入托	18.8%	17.5%
公司没有产假或育儿休假制度	27.1%	12.5%
妊娠反应、产后健康欠佳等	35.4%	27.5%
自己的体力跟不上	33.3%	40.0%
难以(或无法)取得育儿休假	41.7%	35.0%
工作时间不合适	33.3%	47.5%

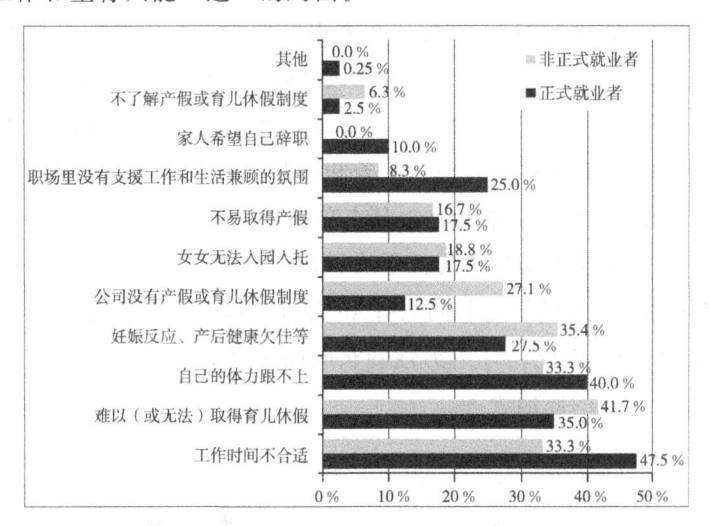

图 4.7 日本女性工作和育儿无法兼顾的理由

(资料来源:日本厚生劳动省 2016 年"工作和家庭兼顾相关问题"劳动者问卷调查资料)

(二)男性长时间劳动的问题始终存在

男性的劳动时间过长,也是导致少子化迅速深化的原因之一。日本加班文化盛行,八小时工作制和双休日的制度很难被真正地贯彻,长时间劳动的问题普遍存在。未婚的年轻男性被迫长时间劳动,那么能够投入婚恋方面的时间和精力势必减少,客观上造成了晚婚化和非婚化的盛行。此外,已婚男性的长时间劳动,会降低夫妻婚内性行为的频率,缩减已婚男性参与家务和育儿的时间。这些因素都在客观上造成了日本生育水平的下降。

具体来看,根据日本劳动政策研究·研修机构[①] 2018 年的国际劳动比较调查

---

① 注:此处的"机构"不是泛指,而是该机构的名称就是"劳动政策研究·研修机构",是日本厚生劳动省下设的一个科研部门。

数据，日本男性中每周工作时间超过49个小时的比例远高于其他西方国家，达到了28.6%。这一比例在美国、英国、法国和德国依次是21.8%、17.5%、14.6%和13.7%。[1]而日本男性中每周工作时间超过60个小时的超长时间劳动的比例在1990年高达24.5%[2]，此后虽然在2000年前后开始缓慢下降，但在整个20世纪90年代都保持在较高的水平。特别是其中30~49岁年龄组的男性，超长时间劳动的比例明显高于其他年龄组。这部分男性正处于婚恋、生育、育儿的关键时期，他们的超长时间劳动对生育率的下降具有很大的影响。

日本厚生劳动省进行的21世纪成年人追踪调查表明，男性参与家务和育儿的时间越长，生育第二个及以上子女的比例越高。在休息日不参与家务和育儿的男性，只有10%生育了第二个及以上的子女，而这一比例随男性在休息日参与家务和育儿时间的延长而递增，参与家务和育儿时间在6个小时以上的男性，有87.1%生育了第二个及以上的子女。日本总务省2016年社会生活基本调查的数据显示，有6岁以下子女的日本男性平均每天参与家务和育儿的时间仅为1小时23分钟，其中用于育儿的平均时间只有49分钟，这两项数据都远远低于其他发达国家（见图4.8）。因此，日本男性的长时间劳动和参与家务、育儿的时间不足是造成日本少子化的原因之一。

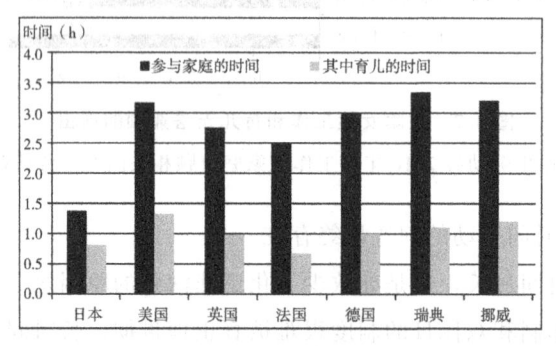

图4.8 发达国家男性平均每天参与家务和育儿的时间

（资料来源：根据日本总务省2016年社会生活基本调查数据绘制）

此外，虽然日本推行了男性育儿休假制度，但真正利用这项制度的男性比较

---

[1] 労働政策研究・研修機構.データブック国際労働比較2018［EB/OL］.（2018-03-28）［2020-01-16］.https：//www.jil.go.jp/kokunai/statistics/databook/2018/documents/Databook2018.pdf.

[2] 男女共同参画局.週労働時間60時間以上の男性就業者の割合（年齢階級別）［EB/OL］.［2020-01-16］.http：//www.gender.go.jp/about_danjo/whitepaper/h27/zentai/html/zuhyo/zuhyo01-03-05.html.

少。一方面是因为制度本身的不完善，令休假者担心职业生涯受到影响或导致收入减少；另一方面是日本人在意他人眼光、不能给他人添麻烦的国民性，令职场的男性对育儿休假顾虑重重。2018 年，日本在网上展开了与少子化对策相关的国民意识调查，结果显示，在男性无法进行育儿休假的理由中，排在前四位的选项依次是周围的人都很忙，不好意思提出休假的请求（49.4％）；育儿休假会导致人手不足，会给单位或客户添麻烦（44.2％）；担心育儿休假会对职业生涯产生不利的影响（35.5％）；育儿休假会降低收入（28.2％回答）。

第三节　少子化的社会文化因素

人口同时具有生物属性和社会属性。生育水平除了受生物学因素的制约，还会受到其所处的社会、文化环境的影响。日本在"二战"后经历了经济腾飞和剧烈的人口转变过程，其社会文化环境也随之发生了剧烈的变化，这些变化对生育观念和生育行为都产生了影响。同时，还有一些日本人固有的社会价值观念被保留了下来，但这些观念受到经济发展和社会转型的冲击，也成了作用于生育水平变化的深层因素。本节主要围绕家庭形态、婚外生育、追求自我价值和固有社会价值观念四个层面分析日本少子化的社会文化因素。

一、家庭形态转变的因素

随着经济的发展和人口转变的完成，日本的家庭形态发生了巨大的变化。无论是传统的家庭观念、家庭规模还是家庭模式都出现了变化。这些变化都从不同的角度对日本生育水平的下降产生了影响。

（一）传统家庭的转变

日本传统的家庭观念包括家的意识、家业延续、重视纵式的亲子关系等基本内容。"二战"后，由于制定了新宪法和民法，"个人的尊严和两性的本质的平等"的原则日益深入人心。此外，现代化的迅速进展也带来了传统家庭和家庭观念的转变。

首先，日本的家庭规模大幅缩小。日本国势调查的数据显示，日本的平均家庭户规模在 1950 年为 5.02 人，到了 2015 年已缩减到 2.38 人。独居家庭的比例在 1950 年仅有 5.06％，截至 2015 年已上升到 32.64％。只有夫妻二人的家庭在 1970 年占 9.8％，而到了 2015 年上升到 20.1％。其次，三代同堂的家庭比例迅速减少，三代同堂的家庭的比例在1970年是12.2％，到了2015年只有3.6％。家庭规模缩小导致传统的家庭功能弱化，如祖辈对孙辈的照顾功能已十分微弱，致使日本的育儿家庭无法兼顾工作和生活。

此外，日本"男主外、女主内"的传统家庭观念也产生了动摇。丈夫在外工作，妻子在内持家，一直是"二战"后日本人认可的带有普遍性的价值观念。日本总理府的"关于女性的舆论调查"显示，1987年同意"男人工作、女人持家"的男性为51.7％，女性为36.6％；不同意这种意见的男性为20.2％，女性为31.9％，对上述观点持肯定意见的仍占多数。但是这种传统的性别家庭分工的观念已变得逐渐淡薄，1996年版《国民生活白皮书》指出，35～40岁的女性赞成这种观念的比例仅为20.6％。[①] 而到21世纪的今天，这种传统的性别家庭分工的观念已发生了根本性的变化。2018年的网上意识调查结果显示，有62.4％的男性和68.3％的女性认为婚后夫妻双方都应该工作，而且越是年轻的年龄组认同这一观点的比例越高。关于婚后继续工作的理由，回答最多的是"出于经济原因，双方有必要共同工作"。此外，女性中回答"婚后也不想脱离社会""只有工作才能在经济层面自立"和"只有工作才能在精神层面自立"的比例也很高，分别达到了42.3％、41.1％和34.3％。

（二）原生家庭依赖和成年期延后

大部分国家都有法律规定，达到一定的年龄即为成年人。目前日本的法律规定年满18周岁为成年人，但是传统上仍会在20周岁时举行成人礼，并且喝酒、抽烟、赛马等活动也要等年满20周岁才可以开始。但是与法律意义不同，在社会学的意义上，一个年轻人只有完成了毕业、就业、寻找伴侣及组建新家庭之后，才是真正完成了向成年人的过渡。特别是在现代社会，年轻人只有完成了向成年期的过渡之后，才能真正被视为社会意义上的成年人。[②]

在欧美国家，年轻人成年后离开原生家庭独立生活是理所当然的事，这就促使年轻人更快地完成向成年期的过渡。一方面，日本年轻一代与父辈之间存在很大的收入差距，年轻人为了继续享受生活的便利，或是担心自立后生活水平下降而不愿离开原生家庭，导致日本年轻人向成年期的过渡延后。另一方面，高度的经济成长促进了社会物质财富的极大丰富，年轻人的受教育年限大大延长，其对

[①] 崔世广. 现代日本人的价值观及其变化趋势 [J]. 日本学刊，2000 (6)：86-101.
[②] 山田昌弘. 希望格差社会：「負け組」の絶望感が日本を引き裂く [M]. 東京：筑摩書房，2004.

生活方式的选择变得多样，年轻人为了继续受教育或是维持现有的生活水平而不愿过早结婚。此外，由于经济形势和就业环境的恶化，年轻人的就业变得不稳定，对未来感到不安，致使一部分年轻人即便有婚恋、生育的意愿，也出于经济原因无法实现，只能继续和父母一起在原生家庭生活，这也在客观上推迟了日本年轻人向成年期的过渡。

二、婚外生育低迷的因素

在生育水平普遍下降的今天，婚外生育的上升，可以成为婚内生育率降低的有力补充。但是日本缺乏包容婚外生育的社会文化环境，婚外生育的比例一直很低，无法对迅速下降的生育水平形成补充，也从侧面上造成了少子化的局面。

（一）婚外生育的比例极低

日本属于东亚文化圈，在儒家文化长久而强大的熏陶和影响下，至今仍保持着相对保守和传统的婚育伦理观念。东亚传统型婚育伦理观念的核心特点在于婚姻与生育之间关系密切，即便在法律层面并没有抵制婚外生育的明文规定，但在伦理道德层面的共识是婚姻是生育"合法化"的前提，失去婚姻大背景的生育是被社会舆论所唾弃和歧视的。因此，"二战"后日本婚外生育的比例一直处于极低的水平。婚外生育低下与晚婚化、非婚化的影响叠加，导致日本的生育水平迅速下降。日本国立社会保障·人口问题研究所的人口统计资料显示，1988年之前，日本婚外生育的比例一直低于1％。之后，婚外生育的比例虽然有过缓慢上升，但截至2017年仍然只有2.23％的极低水平，出生人数也只有2.1万人，相对于日本整体的出生规模比重很小。

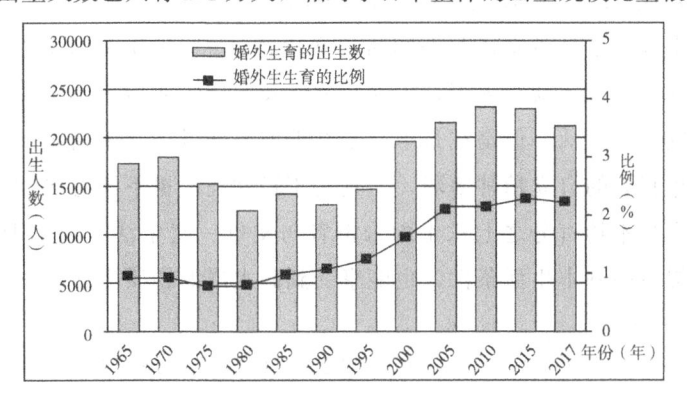

图 4.9　日本婚外生育状况的变化

（资料来源：根据日本国立社会保障·人口问题研究所
人口统计资料集（2019）数据整理绘制。）

相比于其他发达国家，日本婚外生育的比例明显过低，而且几乎没有增长。2011年在欧盟27国出生的婴儿中，有近40％属于婚外生育，比1990年增加了1倍多。在一些欧洲国家，婚外生育比例接近甚至超过50％，婚外生育已成为生育的主流模式。北美洲和大洋洲的发达国家同样经历了婚外生育比例快速提升的阶段，例如：美国婚外生育比例在2008年已达到40.6％；加拿大婚外生育比例相对较低，但在2009年也达到29％；澳大利亚婚外生育比例攀升得非常之快，从1970年的8.3％升至2010年的56.3％；新西兰婚外生育的比例则从1970年的13.3％增长至2011年的46.3％。[1]

（二）不支持非婚同居的文化背景

有日本学者根据生育水平，将发达国家分为"缓少子化"国家和"超少子化"国家两大类。研究发现，缓少子化国家非婚同居和婚外生育的比例很高，因此其生育水平虽然早已降至更替水平以下，但还不至于跌入"低生育率陷阱"。[2]而超少子化国家由于非婚同居和婚外生育的比例过低，生育水平都下降到了极低水平。

在欧美大部分国家，非婚状态，特别是其中的同居状态已成为生育及抚养后代的重要模式，非婚同居逐渐脱离与婚姻的联系，成为一种独立的生育模式和家庭生活方式。而婚外生育的发展趋势与非婚同居的趋势基本一致，同居率高的国家婚外生育率通常也高。因此，欧美大部分国家非婚同居比例的稳步上升使同居内生育或婚前生育现象大量出现。

不同于西欧、北美个人主义的文化传统，日本有着较强家族主义的文化传统，因此日本社会不具备支持非婚同居的文化背景。[3]在欧美国家，父母对子女的责任一般到子女成年就结束了，子女在成年及完成学业后，不论男女一般都要离开原生家庭独立生活。但是在日本，子女婚前与父母一起生活被认为是理所当然的。日本年轻人的自立精神薄弱，尤其是年轻女性，更不愿意过独居生活。其结果是，当今日本约百分之七八十的未婚者与父母一起生活。他们即便收入低，因为有父母提供的基本生活条件，也能享受到高水准的物质生活。

---

[1] 陈佳鞠，翟振武. 20世纪以来国际生育水平变迁历程及影响机制分析 [J]. 中国人口科学, 2016 (2): 12-25; 126.

[2] 佐藤龍三郎. 日本の「超少子化」その原因と政策対応をめぐって [J]. 人口問題研究, 2008 (6): 10-24.

[3] 津谷典子. 少子化の社会経済的要因：国際比較の視点から [J]. 学術の動向, 2004 (9): 14-18.

在欧美国家，与单身生活相比，结婚、同居的生活方式在经济上更加轻松。与之相反，如果日本年轻人离开父母开始新生活，那么其经济紧张的风险就会增加。不可否认，"成年后和父母生活是理所当然"的文化对晚婚化、非婚化以及少子化的迅速深化都产生了很大的影响。在这一点上，日本与中国等东亚国家具有共通性。

三、追求自我实现的因素

由于生命周期发生了变化，随着劳动意愿、工作意愿的增强，人们的生活方式也发生了变化，人生的价值观也随之变化。在这样的变化中，日本的年轻人越来越追求自我价值的实现，这也在不同的方面影响和推动了少子化的进程。

（一）女性地位提升

随着受教育水平的上升，男女平等和尊重个人发展的思想逐渐深入人心，日本女性的经济能力得到明显的提升。有研究表明，日本女性的学历上升和收入增加对婚姻和生育会产生不利的影响。[1]

受西方女权思想和妇女解放思潮的影响，日本女性可以通过步入社会工作实现其人生价值。同时，高科技的发展使女性从繁杂的家务中解脱出来，越来越多的女性走出家门步入社会。她们追求女性平等的社会地位，追求实现自我价值，自立自强，日本女性就业变得越来越普遍。日本历次国势调查的结果显示，25～44岁日本女性的劳动参与率一直呈上升的趋势。从图4.10可以看出，25～29岁年龄组女性的劳动参与率涨幅最大，其他三个年龄组女性的劳动参与率也都上升了20个百分点左右。

---

[1] RAYMO J M, FUKUDA S, IWASAWA M. Educdational Differences in Divorce in Japan [J]. Demographic Research，2013（6）：177-206.

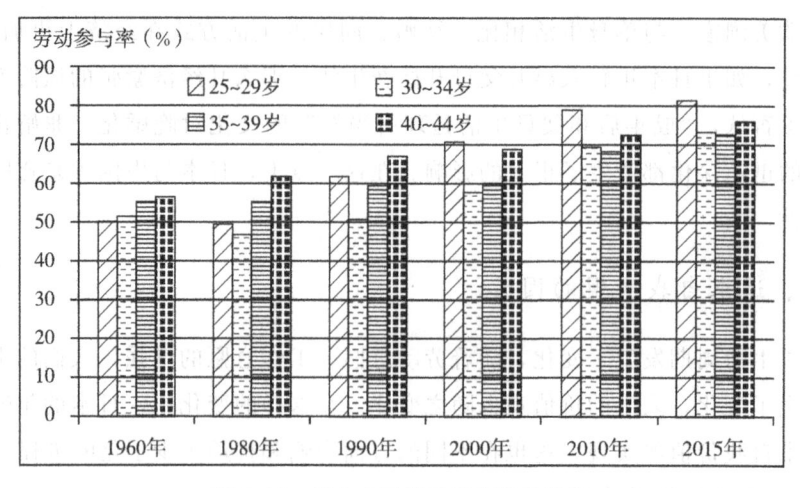

图 4.10 日本女性劳动参与率的变化

（资料来源：根据日本国立社会保障·人口问题研究所人口统计资料集（2019）整理绘制。）

日本女性学历和就业率的上升大大提高了女性的社会地位，很多女性不再满足于过去"贤妻良母"的性别角色分工，拥有了选择晚婚、不婚、推迟生育甚至不生育的权利。在日本 2018 年关于家务和育儿意识的网络调查中，仅有 3.1％ 的女性认为家务和育儿是只属于妻子的职责；有 23.4％ 的女性认为基本上是妻子的责任，但丈夫应该帮忙；有 44.6％ 的女性认为夫妻应该同等地承担家务和育儿；此外，还有 18.7％ 的女性认为应该视情况而定，谁有时间谁做。

（二）生活方式多样化

随着经济的高速发展，社会物质生活极大地丰富，再加上西方个人主义思潮的影响，日本年轻人的生活方式越来越多样化，在"适当"的年龄结婚生子不再是必需的人生选择。根据日本总理府 1992 年的"第 10 次出生行动调查"结果，认为"女性结婚比较好"的比例从 1972 年的八成以上，下降到了 1992 年的不足四成，越是年轻的被调查者认为"不结婚也无所谓"的比例越高。

随着个人主义在日本的盛行，日本年轻人的生活态度也发生了各种各样的变化。例如，关于个人幸福和日本全体的关系，日本总理府的"青年意识调查"结果显示，1953—1993 年，认为"只有日本变好，才能实现个人幸福"的年轻人迅速减少；认为"个人幸福和日本变好同样重要"的年轻人越来越多。关于人的生活方式的选择，认为应该"不必考虑金钱和名誉，按照自己的兴趣生活"的年轻人增加了 20％；认为应该"优先愉快地一天天度过"的年轻人增加了 15％。

此外，认为应该"无论何时都要正确地生活""通过努力学习出人头地"和"为了社会无私地奉献自己的全部"的年轻人越来越少。[①]

随着日本年轻人生活态度的转变，享乐主义盛行。很多年轻人不愿意认真地考虑结婚生子的问题，导致晚婚化和非婚化盛行。进入 21 世纪以来，日本年轻人生活方式的变化更加复杂多样，出现了各种年轻人的亚群体，进一步降低了年轻人结婚和生育的比例。

四、固有价值观念的因素

除社会文化环境的剧烈变化对日本少子化产生了负面的影响，一些日本人固有的社会价值观念受到经济发展和社会转型的冲击，也在一定程度上成为生育水平下降的原因。

（一）对子女"过度负责"的育儿观

与西方发达国家不同，日本的父母对于养育子女的态度是"过度负责"。他们不希望自己的子女受苦，希望能给子女提供比自己更好的成长环境，让子女长大成人后能够过上优越的生活。日本京都大学教授小山静子认为，在日本，生育和育儿是一个整体过程的两个阶段，如果不提前做好养育子女的准备，日本人是不会下决心生孩子的。也就是说，如果不能提供养育子女预期的理想环境，日本人便会选择不生育。

对子女"过度负责"的育儿观不仅作用于日本人婚后的生育决策，早在年轻人的婚恋选择阶段就有所体现。日本年轻人即便尚处于男女交往的阶段，甚至是开始交往之前，也要预设未来的婚姻和养育子女的生活状况。比如，在决定恋爱、结婚之前需要考虑对方的经济能力和职业前景，甚至是对方家族的实力，以确保未来可以给子女提供良好的成长环境。这样的观念进一步导致日本年轻人结婚难的问题。

（二）回避风险的价值观

日本社会还有一个特有的价值观，就是希望回避未来生活所面临的风险，如果没有十足的把握得到预期的理想结果，就不会下决心去尝试。这样的价值观导致很多年轻人在面对结婚和生育的决策时逡巡不前。日本人将维持中产生活水平作为最高目标，认为在人生设计上，男女交往、结婚、生育、育儿和子女教育等

---

① 阿藤誠. 日本の超少産化現象と価値観変動仮説 [J]. 人口問題研究，1997（3）：3-20.

一连串问题不是单一、割裂的，而是环环紧扣的。如果不能设计好后续人生的各个环节，就不会轻易迈出下一步。

因为回避风险的价值观而推迟婚姻和生育在日本女性的身上反映得更为明显。有研究表明，学历和收入越高的日本女性，越有推迟婚姻甚至选择不婚的倾向。[①] 这是因为越是高学历、高收入的女性，对于婚姻的期待效用越低，她们会更加担心结婚生子给自己带来的风险，如收入减少、生活质量降低等。已婚女性也会出于担心经济压力增加、自己精力不足等原因而选择减少生育甚至不生育。

（三）"体面"的婚育观

日本人十分在意他人的眼光，有着外化的自我评价倾向。其中，典型的就是日本人根深蒂固的"体面"观念。日本人一般认为，得到家庭成员、亲属、朋友等身边的人负面的评价就是"不体面"的表现。他们最看重的是过"和别人差不多"的生活，不让周围的人看不起自己，选择结婚对象的条件更是如此。[②]

在日本有着"全国一亿总中流"的说法。当今日本社会中，绝大多数人都认为自己是中产阶层。大家都在努力避免出现和别人不一样的婚姻生活、子女养育及年老后的生活方式，回避脱离中产生活的风险，即产生了若无法过上中产生活就会感觉"羞耻"的观念。当亲戚、朋友都过着中产生活，自己却无法达到时，就会认为自己的处境悲惨，与亲戚、朋友的关系也很难维持，自我孤立的可能性会增高。这就导致了很多人为了保持生活水平而不想结婚或推迟结婚，抑或在婚后不想生育子女或推迟生育。

[①] 樋口美雄，岩本正美. パネルデータから見た現代女性：結婚・出産・就業・消費・貯蓄[M]. 東京：東洋経済新報社，1999：25-65.

[②] 山田昌弘，胡澎. 少子化问题的亚洲特征：日本与欧美比较的视角[J]. 日本学刊，2019（2）：87-97.

第五章 日本少子化的影响

日本进入少子化阶段已近半个世纪之久。长期的少子化进程给日本社会带来了方方面面的影响。首先，少子化作为一种长期低生育水平的状态，直观地作用于日本的人口发展过程，使日本的人口增长逐渐趋于停滞并开始负增长。其次，少子化作用于人口年龄结构，对日本的经济增长造成长期的负面影响，降低日本实际 GDP 的增长速度，并抑制日本的潜在经济产出。最后，少子化通过影响人口和经济发展，对日本的社会、文化产生多样的影响，如家庭代际关系、思想、教育、文化传承、地方社会形态等各个方面。本章将少子化对日本的影响大致分为人口、经济、社会文化三个层面，分别展开详细的分析与论述。

第一节 少子化对日本人口的影响

少子化对日本人口的影响直观地表现于日本的人口增长过程，改变日本的人口增长曲线和人口惯性的作用方向，最终导致人口负增长。少子化还会降低少年儿童人口的比例，加剧老龄化程度，对日本的人口年龄结构带来巨大的影响。本节主要从人口增长和人口年龄结构两方面分析少子化对日本人口的影响。

一、少子化对人口增长的影响

（一）对日本人口增长曲线的影响

自日本明治初期以来，除 1943—1945 年因战争原因所导致短暂的人口减少外，日本的总人口一直呈增长的态势。明治初期日本的总人口约为 3 500 万人，1920 年第一次国势调查时的总人口为 5 596 万人，1967 年突破了 1 亿大关，到 2008 年达到峰值的 1.28 亿人口。之后，日本人口开始出了持续的负增长，截至 2019 年已下降至 1.26 亿。根据日本国立社会保障·人口问题研究所 2017 年的人口中位预测，日本人口的负增长仍将持续，到2053年降至1亿以下，到2065年将下降至8 808万人，人口规模与人口峰值相比将缩减30%以上。

日本总人口真正开始负增长始于2008年，人口增速由加速增长到减速增长的转换则开始得更早。从日本历年人口增长数来看，除1945年，"二战"结束后从亚洲各地回国的大规模人口移动和1972年冲绳回归所带来的两次临时性、短期性的人口激增外，从明治初期到20世纪70年代中期的约100年间，日本一直维持着1%以上的人口年均增长率。从图5.1也可以看出，在1974年之前，日本的人口增长大致是一条下凸的曲线。但是以1974年为拐点，人口增长曲线由下凸变为上凸曲线。也就是说从这一拐点开始，日本人口的增长势头由加速增长转变为减速增长，增速最终逐渐趋近于零，并于2008年开始了负增长。而拐点出现的1974年，正是按少子化的概念判断日本正式进入少子化阶段的年份。人口增长曲线的拐点和少子化的开端相吻合，说明了少子化的影响。

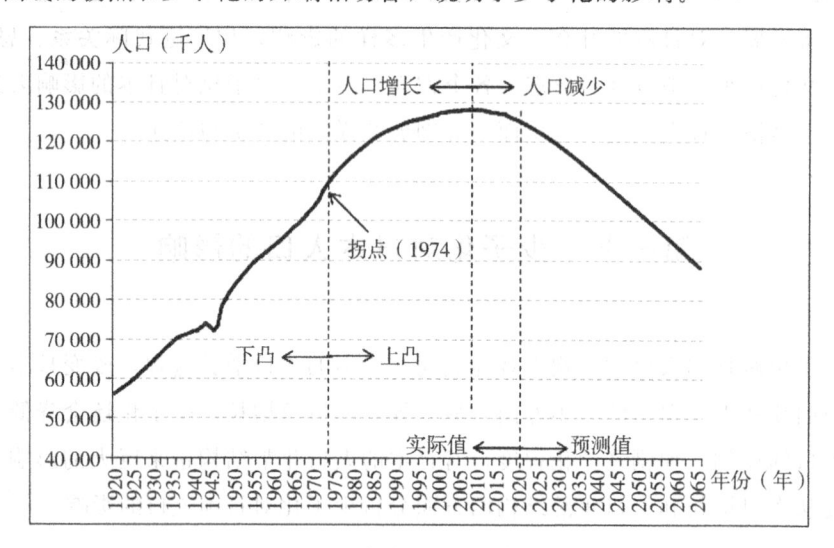

图5.1 日本人口增长曲线的变化

（资料来源：根据日本总务省统计局人口推计长期数据整理绘制。）

（二）对日本人口惯性的影响

人口惯性是人口所具有的特性之一，简单来讲，是针对人口规模增减的惯性。也就是说，过去增加的人口朝着增加方向、过去减少的人口朝着减少方向保持变动的势头。人口惯性的强度有多种测算方法，大体来说，当人口惯性大于1时，人口具有继续增长的惯性；当人口惯性等于1时，人口增长会逐渐趋于停滞并最终成为静止人口；当人口惯性小于1时，人口具有减少的惯性。[①]

日本进入少子化阶段之前，人口的年龄结构相对年轻，育龄妇女也持续增加，人口惯性一直维持在1以上；进入少子化阶段后，出生人数减少，老龄化程度加剧，人口整体的死亡率升高，人口惯性逐渐变小，最终下降到1以下，形成人口减少的惯性。日本学者的相关研究表明，日本的人口惯性在1996年之前一直在1以上的水平波动，1996年开始小于1，此后一直持续减小，即使生育水平立即提升，总人口仍将向减少的方向继续发展。[②]

二、少子化对年龄结构的影响

少子化导致生育率的迅速下降，对人口年龄结构造成巨大的影响，造成人口整体老化，改变少年儿童人口、劳动年龄人口和老年人口的比例，导致劳动力不足和老龄化加剧等各种社会问题。本部分研究围绕人口整体老化程度、年龄三分区人口和人口金字塔的变化，分析少子化对日本人口年龄结构的影响。

（一）日本人口整体老化

随着少子化的发展，日本的出生人数逐年减少，少年儿童和年轻人的比重越来越低。加之老龄化的加剧和平均寿命的不断延长，日本人口整体的老化程度日益加深。

衡量一个人口整体老化的程度，主要可以依靠三个指标：平均年龄、年龄中位数和人口老化指数。平均年龄就是所有人年龄的平均。年龄中位数指将全体人口按年龄大小的自然顺序排列时居于中间位置的人的年龄，反映了人口年龄的分布情况和集中趋势。老化指数是老年人口与少年儿童人口的比例关系，因此又称老少比，可以反映整体的年轻或年老的程度。从这三个指标的变化趋势（如图5.2）来看，在1950年，日本的平均年龄为26.6岁，年龄中位数仅为22.3岁，人口老化指数为14%。到1975年，日本的平均年龄增长到32.5，年均增长约0.23岁；年龄中位数增长到了30.6岁，年均增长约0.33岁；人口老化指数增长到32.6%，年均增长约0.74个百分点。可见少子化开始前，日本的平均年龄、年龄中位数和老化指数虽然都在增长，但增长速度较为缓慢。自从进入少子化阶段以来，三项指标的增长速度都明显加快。1975—2017年，日本的平均年龄增

---

① 茅倬彦.人口惯性的测量方法[J].南方人口，2011，26（3）：47-58.
② 人口学研究会.现代人口辞典[M].東京：原書房，2010：168-169.

至 46.9 岁，年均增长约 0.34 岁；年龄中位数增至 47.5 岁，年均增长约 0.4 岁；人口老化指数更是增长到了惊人的 225.4%，年均增长约 4.6 个百分点。

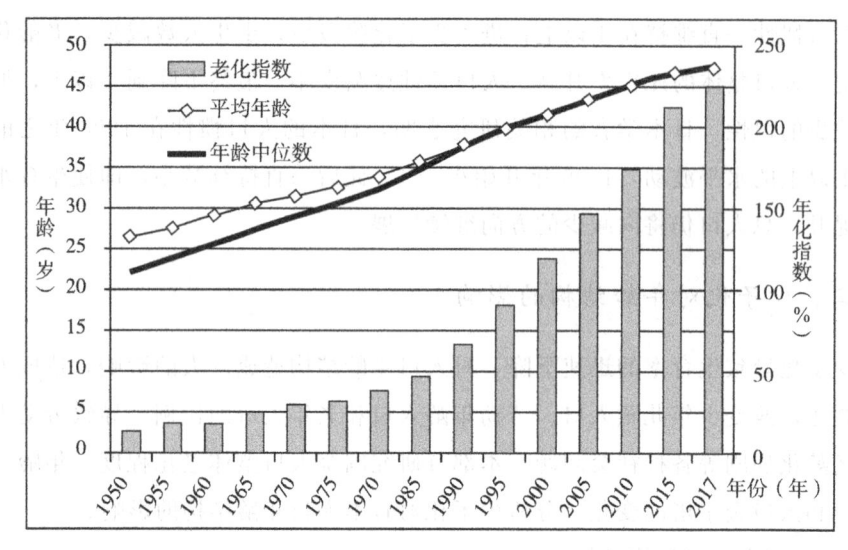

图 5.2　日本平均年龄、年龄中位数和老化指数的变化

（资料来源：根据日本国立社会保障·人口问题研究人口统计资料集（2019）整理绘制。）

从人口老化程度的横向比较来看，日本也是世界上老化程度最高的国家。表 5.1 列举了一些主要国家的平均年龄、年龄中位数和人口老化程度的数据。可以看出，除印度的人口还比较年轻外，其他国家的人口都出现了不同程度的老化。即使与其他发达国家相比较，日本老化程度的各项指标也都是最高的。

表 5.1　世界主要国家的人口老化程度

国家	年份	平均年龄（岁）	年龄中位数（岁）	老化指数（%）
印度	2011	28.5	24.9	17.8
巴西	2017	33.7	31.9	38.1
中国	2011	36.5	36.2	55.4
美国	2016	39.0	38.0	80.8
俄罗斯	2012	39.3	38.3	81.8
英国	2017	40.5	40.0	101.4
韩国	2017	41.2	41.9	104.8
法国	2017	41.5	41.6	108.8

（续表）

国家	年份	平均年龄（岁）	年龄中位数（岁）	老化指数（%）
德国	2017	44.3	45.8	158.5
意大利	2017	44.9	45.9	165.3
日本	2017	46.9	47.5	225.4

资料来源：根据《联合国人口年鉴2017》整理。

(二) 对日本年龄三分区人口的影响

年龄三分区是研究和分析人口年龄结构的重要划分方法，即把人口按年龄划分为0～14岁的少年儿童人口、15～64岁的劳动年龄人口（或称生产年龄人口）和65岁以上的老年人口三大年龄组。少子化的发展会降低少年儿童人口和劳动年龄人口的比例，加剧老龄化程度，造成劳动力不足、人口抚养比上升、内需降低、社会保障压力过大等问题。

从日本年龄三分区人口的变化趋势来看，1950年日本拥有少年儿童人口近3000万人，占总人口的比重高达35.4%。20世纪60年代后半段，日本的少年儿童人口出现了一次明显的下降，这是由第一次婴儿潮时出生的"团块的世代"集体进入劳动年龄所致，之后随着第二次婴儿潮的到来又出现了明显的上升，恢复到2770万以上。之后，随着少子化的不断深化，日本的少年儿童人口一直在减少，截至2019年只有1529万人，仅占总人口的12.1%。根据日本国立社会保障·人口问题研究所2017年的中位人口预测，到2065年，日本将只有不到900万少年儿童，仅占总人口的10.2%。

与此相对的，日本的老年人口到目前为止一直呈增长的趋势。在1950年，日本只有411万老年人口，仅占总人口的4.9%。随着人均寿命的延长和死亡率的降低，日本老年人口的规模迅速膨胀，并在1997年超过了少年儿童人口的规模。截至2019年，日本的老年人口已达到3580万人，约为少年儿童人口的2.34倍。老年人口增多和少子化的作用相叠加，令日本的老龄化呈现出发展速度快、老化程度深的特点。日本老年人口的比重在1970年超过了7%，进入了老龄化社会；在1994年超过14%，进入了老龄社会；在2007年超过21%，进入了超老龄社会。根据日本国立社会保障·人口问题研究所2017年的中位人口预测，日本的老年人口将在2042年达到峰值，增长至3935万人，之后开始缓慢减少。老年人口的减少并不表示届时老龄化会开始缓解，而是因为老年人口，特别是高龄老年人口已经达到极大的规模，死亡率过高导致老年人口总数减少。而日本老年人口占总人口的比重在 2042 年之后仍将继续上升，到 2065 年将达到 38.4%。

在较高的出生率和两次婴儿潮的作用下，"二战"后日本的劳动年龄人口一度迅速增长。日本劳动年龄人口的峰值出现在 1995 年，达到了 8 726 万人；劳动年龄人口占总人口比重的最大值则出现在 1992 年，达到了 69.8%。快速增长的劳动年龄人口总量和比例使战后日本的人口抚养比一度下降，从 1950 年的 67.5%下降至 1992 年的 43.3%，为日本带来了人口红利，促进了日本经济的腾飞和持续稳定增长。20 世纪 90 年代中期开始，长期少子化的影响开始显现，逐年减少的出生人口令劳动力后继不足，日本劳动年龄人口的总量和比重都不断下降。截至 2019 年，日本的劳动年龄人口下降至 7 518 万人，比峰值下降了 14%以上，人口抚养比也上升至 68%。根据日本国立社会保障·人口问题研究所 2017 年的中位人口预测，到 2065 年日本的劳动年龄人口将只剩 4 529 万人，与峰值相比几乎减半。届时人口抚养比将达到惊人的 94.5%，也就是说，被抚养人口几乎与抚养人口相等。这样严峻的未来形势无疑会给整个日本社会带来巨大的挑战（日本年龄三分区人口变化曲线如图 5.3）。

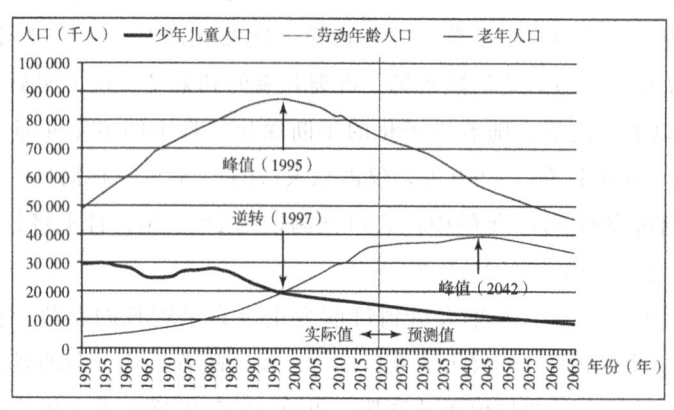

图 5.3　日本年龄三分区人口的变化

（资料来源：2019 及之前的数据来自日本总务省统计局人口推计长期资料；2019 年之后的数据来自日本国立社会保障·人口问题研究所 2017 年的中位人口预测资料。）

（三）日本人口金字塔的变化

人口金字塔是用类似埃及金字塔的形象描绘人口年龄和性别分布状况的图形。一个时点的人口金字塔可以直观地展现一个人口在该时点的结构状态，而对不同时点的人口金字塔进行比较，可以清晰地看出人口结构的变动情况。

为了直观地展示少子化对日本人口结构的影响，笔者绘制了日本 1920 年、1974

年、2017年和2065年的人口金字塔①。1920年为日本进行第一次国势调查的年份，1974年为少子化正式开始的年份，2017年是可以获得准确分性别各年龄人口数的年份中距今最近的年份，2065年是日本官方最近一次精确人口预测的终止年份，因此选取这四个年份绘制人口金字塔在时间上具有代表性，见图5.4。

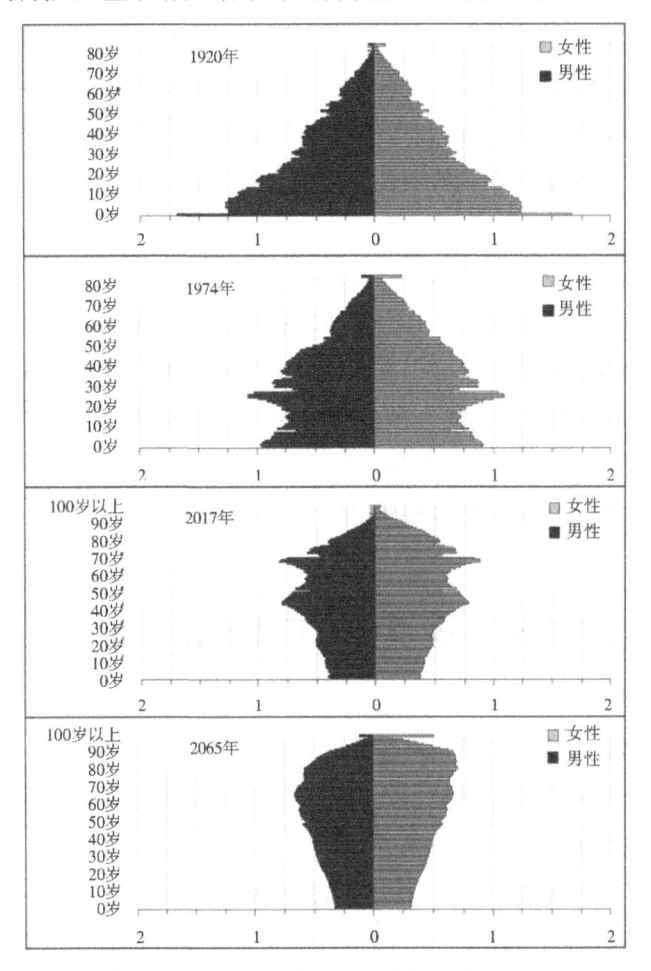

图 5.4　日本人口金字塔的变化（单位：%）

（资料来源：**1920**年数据来自日本国势调查资料，**1974**年和**2017**年数据来自日本总务省统计局当年的人口推计资料，**2065**年数据来自日本国立社会保障·人口问题研究所**2017**年的中位人口预测资料。）

---

① 注：1920年和1974年人口金字塔的开口年龄为85岁，由于日本人均寿命延长，导致高龄老年人剧增，故2017年和2065年人口金字塔的开口年龄提高为100岁。

观察图 5.4 可以看出，1920 年日本各年龄人口的分布呈现典型的金字塔形状。这是因为此时的日本尚未完成人口转变，各年龄人口在高出生率和高死亡率的作用下形成自然的金字塔形分布。

1974 年，日本的人口转变刚刚完成，出生率的下降令人口金字塔的底部开始缩小，同时死亡率的下降令人口金字塔的顶部开始扩大。但此前日本的生育水平尚能维持在人口更替水平以上，因此 1974 年整体的年龄分布仍大致保持金字塔的形状。此外，从 1974 年的图形中可以明显地看出"二战"后两次生育高峰的影响，金字塔中下部和底部的两处凸出的部分分别对应"团块的世代"和"团块二代"。

2017 年，日本进入少子化阶段已近半个世纪，人口年龄结构在长期少子化的影响之下发生了彻底的变化，其分布情况的形状已很难被称为"金字塔"。"团块的世代"已全部进入老年期，只有他们之上的部分还呈现金字塔形的分布。而"团块二代"以下，少子化时代开始后出生的人口呈现倒锥形分布，可以明显地看出少子化的影响。预计到 2065 年，在持续少子化和人均寿命进一步延长的共同影响下，日本的人口金字塔将整体呈倒锥形分布。

第二节　少子化对日本经济的影响

根据现代增长理论，少子化对经济增长具有长期持续的影响，具体表现为少子化导致劳动年龄人口供给不足，人口增长率降低甚至出现负增长，进而对经济增长产生负向的影响。

2015 年 9 月，安倍晋三连任日本自民党总裁后宣布"安倍经济学"进入第二阶段，射出了"新三支箭"，其目标为在 2020 年左右将日本的名义 GDP 提升至 600 万亿日元。[①] 欲实现这一目标，需要使名义 GDP 的年增长率维持在 3% 以上。但根据日本内阁府 2019 年 10 月国民经济计算速报数据，2018 年日本名义 GDP 仅为 548.9 万亿日元，近三年间的年增长率仅为 1.1%，且 2019 年上半年的同比增长率仅为 1.2%。安倍还提出在 21 世纪 20 年代初，将日本总和生育率

---

① 早川英男. アベノミクス新「3本の矢」：その背景と意味. [EB/OL]. (2015-11-10) [2019-10-10]. https://www.fujitsu.com/jp/group/fri/column/opinion/201511/2015-11-1.html.

提升至1.8。但日本总务省人口推计数据显示，2018年日本的总和生育率仅为1.43，近三年内不升反降。由此看来，无论是在经济层面还是在人口层面，"安倍经济学"第二阶段的目标似乎都难以实现，经济低迷和超少子化仍是日本社会的常态。

日本人口在2008年到达峰值1.28亿后，开始出现了人口绝对数的负增长。根据日本国立社会保障·人口问题研究所的人口中位预测，日本人口在今后半个世纪将持续减少，于2053年降至1亿以下并继续下降。[①] 长期少子化带来的人口负增长已成为日本经济发展不得不面对的基本社会条件。本节旨在对日本的少子化进程和实际GDP增长进行中长期的考察，并结合现代增长理论，利用历史增长核算模型，分析少子化对日本经济的具体影响方式。

一、少子化与经济的长期协同关系

（一）日本经济的长期低迷

王晓峰、马学礼（2014）回顾"二战"后的日本经济增长，将其分为四个阶段：1955年之前为战后恢复阶段；1955—1973年为高速增长阶段；1974—1991年为低速稳定增长阶段；1992—2012年为低迷停滞阶段。[②] 如果加上2012年以来的"安倍经济学"阶段，可共视为五个阶段。

根据日本内阁府1998年度国民经济计算中的历年实际GDP（1990年基准、1968SNA）数据，日本经济高速增长阶段的实际GDP年均增长率高达9.24%，许多年份都超过了10%。[③] 这期间GDP的连续高速增长成就了日本战后的经济奇迹，使日本一跃成为仅次于美国的世界第二大经济体。日本经济的高速增长阶段在1973年末的第一次石油危机的冲击之下结束，随后转入低速稳定增长阶段。这一阶段日本的实际GDP年均增长率为3.76%，如果不计算1974年受国际原油价格暴涨影响而出现的负增长，则实际GDP的年均增长率亦维持在4%以上。

20世纪90年代初泡沫经济崩溃后，日本经济开始一蹶不振，长期处于低迷

---

① 国立社会保障·人口問題研究所. 日本の将来推計人口（平成29年推計）[EB/OL].（2017-04）[2019-10-08].http://www.ipss.go.jp/pp-zenkoku/j/zenkoku2017/pp_zenkoku2017.asp.

② 王晓峰，马学礼. 老龄化加速期人口因素对日本经济增长的影响：以人口、经济的双重拐点为视角[J]. 现代日本经济，2014（5）：1-12.

③ 内閣府. 1998年度国民経済計算（1990基準·68SNA）[EB/OL].［2019-10-10］. https://www.esri.cao.go.jp/jp/sna/data/data_list/kakuhou/files/h10/12annual_report_j.html.

状态，进入了低迷停滞阶段。① 这一阶段在日本被称为"失去的二十年"。根据日本内阁府 2017 年度国民经济计算中的历年实际 GDP（2011 年基准、2008SNA）数据，这一阶段日本的实际 GDP 年均增长率仅为1.03%，且很多年份都出现了负增长。② 虽然存在基准年份和国民经济核算体系不同等原因，不便对几个阶段日本的实际 GDP 进行直接比较，但仅就其增长率的巨大变化，也足以说明日本经济长期低迷的态势。

2012 年以来，以宽松的货币政策、积极的财政政策和结构性改革为核心内容的"安倍经济学"出台，取得了"一时性"的效果，日本经济在短期内出现了好转的迹象。③ 2015 年起"安倍经济学"进入了第二阶段，进一步将促进人口增长和完善社保等内容纳入施政重点。④ 但 2013—2018 年间日本的实际 GDP 年均增长率仅有1.16%，2019 年前两个季度的实际 GDP 同比增长率也仅为1%左右，可见"安倍经济学"也没能从根本上扭转日本经济的长期低迷，因此这一阶段可以视作低迷停滞阶段的延续。虽然宽松的货币政策和积极的财政政策的确在短期内对日本经济起到了一定的刺激作用，但从中长期来看，经济的持续增长离不开合理的人口年龄结构。

（二）少子化与经济增长的协同关系

对于日本经济长期低迷的原因，很多学者从不同的角度进行了分析。张季风（2018）从经济周期波动的视角解析了 20 世纪 90 年代以来日本经济衰退长期化的特征。⑤ 梁军（2014）认为劳动生产率增速下降抑制了日本潜在产出的增长。⑥ 马学礼、陈志恒（2016）指出人口年龄结构的变动，特别是人口老龄化，对日本经济增长具有抑制作用。⑦ 但针对人口年龄结构的底部变动，即少子化对日本经济影响的研究还较为鲜见。比较当前经济总量排名前七位国家的相关人口数据，可以发现日本的各项少子化指标的数据都是最低的（见表 5.2）。长期的少子化

---

① 张季风. 重新审视日本"失去的二十年"[J]. 日本学刊，2013（6）：9-29；157.
② 内阁府. 2017 年度国民经济计算（2011 基準·2008SNA）[EB/OL]. [2019-10-10]. https：//www.esri.cao.go.jp/jp/sna/data/data_list/kakuhou/files/h29/h29_kaku_top.html.
③ 姜跃春. "安倍经济学"与日本经济走势展望[J]. 亚太经济，2017（1）：93-96；175.
④ 张玉来. "安倍经济学"与日本经济结构转型[J]. 日本学刊，2016（3）：53-72.
⑤ 张季风. 用马克思主义经济理论解析战后日本经济周期波动[J]. 日本学刊，2018（2）：1-31.
⑥ 梁军. 劳动生产率增速变动与日本经济长期低迷[J]. 日本学刊，2014（6）：93-109.
⑦ 马学礼，陈志恒. 老龄社会对日本经济增长与刺激政策的影响分析[J]. 现代日本经济，2016（4）：83-94.

与日本经济低迷的关系，及其对日本经济增长的影响，即为本部分重点研究讨论的内容。

表 5.2 世界主要经济体少子化相关人口数据汇总

	人口出生率（‰）	总和生育率	少年儿童人口系数（%）
美国（2016）	12.3	1.82	18.9
中国（2018）	10.9	1.72（2017）	16.9
日本（2018）	7.5	1.43	12.1
德国（2018）	9.5	1.60（2016）	13.5
英国（2018）	11.6	1.80（2015）	17.9
法国（2018）	10.6	1.89（2016）	17.8
印度（2011）	16.8	2.60	30.8

资料来源：中国数据来自中国国家统计局年度数据和 2017 年全国生育状况抽样调查数据；日本数据来自日本总务省统计局人口推计月报（2019 年 9 月）和日本国立社会保障·人口问题研究所人口统计资料集（2019）；其他国家数据根据联合国统计司"Population by age, sex and urban/rural residence"和"Demographic Yearbooks"中的相关数据整理计算得出。

人口年龄结构对宏观经济具有持续的影响已成为学界的共识，很多现有的研究都表明日本的老龄化程度与经济增长之间具有长期的协同关系。本文通过分析日本的中长期人口、经济数据，发现这种长期协同关系亦存在于日本的少子化程度与经济增长之间。

首先，分时期来看，日本经济各阶段的实际 GDP 增长率的变化与对应的各项少子化指标的变化趋势高度一致。从图 5.5 可以看出，从高速增长阶段到低迷停滞阶段，日本的实际 GDP 增长率与总和生育率、人口出生率、少年儿童人口系数均明显下降；而到了"安倍经济学"阶段，四条曲线的下降趋势放缓或出现微增，但仍各自处于较低的水平。

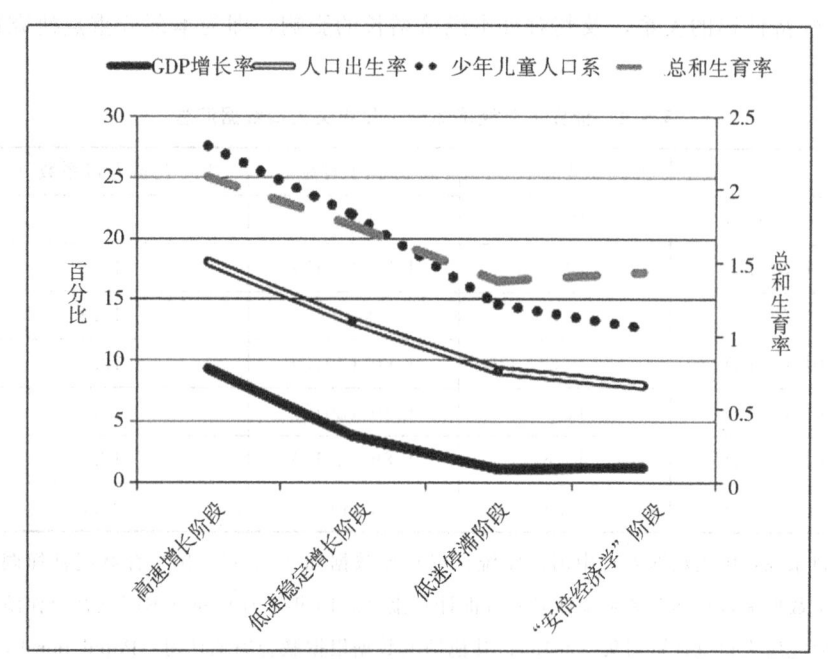

图 5.5 日本经济增长与少子化程度的协同关系

（资料来源：根据日本厚生劳动省人口动态统计数据及日本内阁府国民经济计算中的历年实际 GDP 数据整理绘制。）

其次，从时间点来看，日本经济增长阶段交替的时间点与少子化程度变化的时间点高度吻合。以总和生育率指标为例，日本的总和生育率开始降至更替水平以下并进入少子化阶段是在 1974 年。这一年正是日本经济结束高速增长阶段转入低速稳定增长阶段的时点。而日本进入超少子化阶段是在 1992 年，总和生育率开始跌破 1.5。这一年恰恰是日本经济转入低迷停滞阶段的时点（见表 5.3）。在日本政府一系列少子化对策的努力下，日本的总和生育率在跌至历史最低的 1.26 之后，曾出现连续微增的迹象，但仍无法摆脱超少子化的困境。与此类似，"安倍经济学"在短暂地刺激日本经济增长后，也未能扭转日本经济长期低迷的颓势。

表 5.3 日本经济增长与少子化程度的协同关系

时间	经济增长 阶段	实际 GDP 增长率（%）	少子化程度 阶段	总和生育率
1955—1973 年	高速增长	9.24	正常	>2.1
1974—1991 年	低速稳定增长	3.76	少子化、严重少子化	<2.1
1992—2012 年	低迷停滞	1.03	超少子化	<1.5
2013 年至今	"安倍经济学"	1.23	超少子化	<1.5

资料来源：同图 5.5。

二、少子化对经济影响的实证分析

（一）少子化对日本经济增长率的影响

现代增长理论表明少子化对经济增长具有负向的影响，其增长核算模型的基本思路是将经济增长率分解为各要素对经济增长的贡献之和。欲探析少子化对日本经济增长率的具体影响，必须将其作为贡献要素纳入增长核算模型的分析框架进行量化分析。齐明珠（2013）将 GDP 的年增长率分解为劳动生产率、劳动力利用率和劳动年龄人口的年增长率之和。[①] 本研究在参考这一方法的基础上，对其中劳动年龄人口的年增长率进行进一步的分解，以量化少子化对经济增长率的影响。GDP 年增长率的分解表达式为：

$$G_{GDP} = G_{LP} + G_{LU} + G_{WAP} \quad (式 5.1)$$

式中，G_{GDP} 为 GDP 的年增长率，通过日本历年的实际 GDP 数据求得；G_{LP} 为劳动生产率的年增长率，通过日本历年实际 GDP 数据除以历年就业人数得到历年的劳动生产率，进而求得；G_{LU} 为劳动力利用率的年增长率，通过日本历年就业人数除以历年劳动年龄人口数得到历年的劳动力利用率，进而求得；G_{WAP} 为劳动年龄人口的年增长率，通过日本历年的劳动年龄人口数求得。

对劳动年龄人口 WAP 进行进一步分解，其表达式为：

$$\Delta WAP = WAP_{IN} - WAP_{OUT} - WAP_{CON} \quad (式 5.2)$$

式中，ΔWAP 为当年劳动年龄人口的变动值；WAP_{IN} 为当年新进入劳动年

[①] 齐明珠. 人口变化与经济增长：中国与印度的比较研究 [J]. 北京：人口研究，2013，37（3）：93-101.

龄的人口,用当年15岁人口数计算;WAP_{OUT}为当年退出劳动年龄的人口,用上一年64岁人口数计算;WAP_{CON}为从上一年到当年因死亡或迁移等结构性原因产生的劳动年龄人口变动值。由于日本在1974年开始进入少子化阶段,本书从这一年出生人口成长到15岁,成为新进入劳动年龄人口的1989年开始对劳动年龄人口的变动进行计算。

综上,本书对日本实际GDP增长率分解的表达式为:

$$G_{GDP} = G_{LP} + G_{LU} + (GWAP_{IN} - GWAP_{OUT} - GWAP_{CON}) \quad (式5.3)$$

其中的$GWAP_{IN}$可以表示新进入劳动年龄人口的变动值对劳动年龄人口增长率的贡献,从而说明少子化对日本经济增长率的影响,因此是本研究重点考察的指标。根据公式5.3,利用各相关人口、经济数据,可以得到1989—2017年年龄结构因素(1974—2002年间的少子化进程)对日本经济增长率的影响(见表5.4)。

表5.4 1989—2017年日本经济增长率的分解(单位:%)

年份	G_{GDP}	G_{LP}	G_{LU}	G_{WAP}	$GWAP_{IN}$	$GWAP_{OUT}$	$GWAP_{CON}$
1989	4.86	2.98	0.96	0.86	2.39	−1.30	−0.24
1990	4.89	3.13	1.24	0.46	2.25	−1.41	−0.38
1991	3.42	1.83	1.07	0.48	2.14	−1.48	−0.18
1992	0.85	0.06	0.45	0.34	2.03	−1.50	−0.19
1993	−0.52	−0.62	−0.10	0.20	1.97	−1.53	−0.24
1994	0.99	1.19	−0.21	0.02	1.89	−1.56	−0.31
1995	2.74	2.84	−0.35	0.26	1.84	−1.58	−0.01
1996	3.10	2.78	0.43	−0.11	1.76	−1.64	−0.23
1997	1.08	0.25	0.96	−0.13	1.74	−1.68	−0.20
1998	−1.13	−0.31	−0.68	−0.14	1.74	−1.70	−0.18
1999	−0.25	0.73	−0.79	−0.19	1.72	−1.68	−0.23
2000	2.78	3.04	0.18	−0.43	1.67	−1.75	−0.35
2001	0.41	0.95	−0.26	−0.28	1.60	−1.83	−0.05
2002	0.12	1.47	−0.83	−0.51	1.57	−1.82	−0.26
2003	1.53	1.77	0.11	−0.35	1.54	−1.75	−0.13
2004	2.20	2.03	0.56	−0.38	1.48	−1.63	−0.23

(续表)

年份	G_{GDP}	G_{LP}	G_{LU}	G_{WAP}	$GWAP_{IN}$	$GWAP_{OUT}$	$GWAP_{CON}$
2005	1.66	1.45	0.98	−0.77	1.46	−1.87	−0.36
2006	1.42	1.11	1.13	−0.82	1.44	−2.07	−0.18
2007	1.65	1.50	1.02	−0.85	1.45	−2.13	−0.17
2008	−1.09	−0.55	0.32	−0.86	1.43	−2.08	−0.22
2009	−5.42	−3.66	−0.86	−0.98	1.47	−2.14	−0.31
2010	4.19	4.57	−0.66	0.29	1.50	−1.76	0.55
2011	−0.12	−0.01	0.37	−0.48	1.45	−1.64	−0.29
2012	1.50	2.17	0.79	−1.44	1.47	−2.62	−0.29
2013	2.00	1.91	1.56	−1.45	1.49	−2.78	−0.17
2014	0.37	0.37	1.50	−1.47	1.49	−2.82	−0.14
2015	1.22	1.58	0.37	−0.72	1.54	−2.60	0.34
2016	0.61	0.15	1.40	−0.93	1.52	−2.44	−0.01
2017	1.93	1.43	1.28	−0.78	1.51	−2.32	0.02

资料来源：根据日本内阁府2017年度国民经济计算数据、日本总务省统计局人口推计长期系列数据（大正9年—平成12年、平成12年—27年）、日本国立社会保障·人口研究所人口统计资料集（2018年版、2019年版）的相关数据整理计算得出。

观察表5.4的数据可以看出，1989年以来日本实际GDP增长率相对较高的年份，其GDP都是由劳动生产率的增长拉动的，而劳动年龄人口的增长率一直呈下降趋势，自1996年起更是出现了持续的负增长。在劳动生产率和劳动力利用率长期相对稳定的状况下，日本经济增长率的变动是由劳动年龄人口的变动主导的。进一步观察劳动年龄人口变动的分解，可以看出劳动年龄人口结构性变动对日本经济增长率的影响一直很小，且变化不大；退出劳动年龄人口的增长率不断增大，说明老龄化对日本经济增长的负向影响在逐渐增强；同时，进入劳动年龄人口的增长率一直呈下降的趋势，与退出劳动年龄人口的增长率共同作用，导致日本劳动年龄人口持续负增长，拉低了日本的经济增长率，且其作用强度越来越大。这说明长期的少子化导致1989年以来日本的新增劳动年龄人口逐年减少，是导致日本经济长期低迷的主要原因之一。

（二）少子化对日本潜在经济产出的抑制

长期的少子化导致日本新增劳动年龄人口供给不足，甚至是劳动力总量的绝对减少，对日本的潜在经济产出具有极大的抑制作用，导致日本经济缺乏增长的动力。日本经济低速稳定增长阶段，新进入劳动年龄的人口出生于1959—1976年，这些年间日本的总和生育率基本接近人口更替水平；而日本经济进入低迷停滞阶段开始，新进入劳动年龄的人口都出生于少子化进程开始之后。因此，本书以人口更替水平作为假设的日本总和生育率水平，估算少子化进程开始以来日本新增劳动年龄人口减少导致潜在经济产出的减少及其对实际GDP增长率的抑制作用。

具体的估算方法如下：首先，用1974—2002年日本历年的实际出生人数除以实际总和生育率，再乘2.1，得到更替水平下的虚拟的历年出生人数；其次，用1989—2017年历年的实际15岁人口数除以1974—2002年历年的实际出生人数，得到历年15岁人口的存活率；再次，用虚拟的历年出生人数乘15岁人口的存活率，得到1989—2017年历年虚拟的15岁人口数；最后，以虚拟的15岁人口数作为新进入劳动年龄的人口，测算1989—2017年的虚拟GDP。虚拟GDP与实际GDP的差额即为日本的少子化导致的历年潜在经济产出的减少额；当年减少额与上一年实际GDP的比值即为少子化对实际GDP增长的抑制率（见表5.5）。

表5.5 少子化对1989—2017年日本潜在经济产出的抑制

年度	实际GDP（亿日元）	虚拟GDP（亿日元）	减少额（亿日元）	抑制率（%）
1989	387 069.5	387 293.0	223.5	0.06
1990	406 007.7	406 899.2	891.5	0.23
1991	419 883.0	421 084.4	1 201.4	0.30
1992	423 443.9	424 870.2	1 426.3	0.34
1993	421 250.8	422 683.2	1 432.4	0.34
1994	425 434.1	426 931.0	1 496.9	0.36
1995	437 100.1	438 679.9	1 579.8	0.37
1996	450 650.2	452 286.3	1 636.1	0.37
1997	455 499.4	456 977.9	1 478.5	0.33
1998	450 359.5	451 662.3	1 302.8	0.29
1999	449 224.8	450 460.7	1 235.9	0.27
2000	461 711.6	463 189.8	1 478.2	0.33

(续表)

年度	实际 GDP（亿日元）	虚拟 GDP（亿日元）	减少额（亿日元）	抑制率（%）
2001	463 587.7	465 232.0	1 644.3	0.36
2002	464 134.7	465 904.0	1 769.3	0.38
2003	471 227.7	473 149.4	1 921.7	0.41
2004	481 616.8	483 999.5	2 382.7	0.51
2005	489 624.5	492 200.8	2 576.3	0.53
2006	496 577.2	499 279.9	2 702.7	0.55
2007	504 791.5	507 732.1	2 940.6	0.59
2008	499 271.4	502 431.3	3 159.9	0.63
2009	472 228.8	475 099.1	2 870.3	0.57
2010	492 023.4	495 445.4	3 422.0	0.72
2011	491 455.5	494 870.9	3 415.4	0.69
2012	498 803.2	502 590.2	3 787.0	0.77
2013	508 780.6	512 822.8	4 042.2	0.81
2014	510 687.1	515 068.9	4 381.8	0.86
2015	516 932.4	521 265.5	4 333.1	0.85
2016	520 081.0	524 685.0	4 604.0	0.89
2017	530 112.1	534 870.3	4 758.2	0.91

资料来源：同表5.4。

通过表5.5的结果可以看出，日本少子化进程开始之后的出生人口逐步成长为劳动年龄人口以来（1989年开始），长期的少子化对日本经济的负向影响逐渐显现。少子化导致的日本潜在经济产出的减少额逐年增大，累计高达7万亿日元以上；少子化对日本实际GDP的抑制率也呈逐年升高的趋势，2012年之后的年均抑制率已达到0.87%，而这一阶段日本实际GDP的年均增长率仅为1.23%。可见，少子化对日本潜在经济产出具有长期持续的抑制作用，且作用力越来越强。

第三节 少子化对日本社会文化的影响

少子化不仅作用于日本人口和经济的发展过程，其长期的影响已渗透日本社会的各个方面。本节主要从地方社会形态、社会思潮、文化传承、教育等方面的变化展开，分析少子化对日本社会文化多样的影响。

一、少子化对地方社会的影响

如果说人口负增长、劳动年龄人口减少、人口负担比上升等问题是少子化对日本国家层面的影响，那么过疏化问题就是少子化对日本地方社会的影响。过疏化是日本在工业化、产业化特定的社会变迁背景下产生的一种社会现象[1]，是指因地方人口的减少，导致维持地方最为基础的生活和生产的人口出现困难的变化过程。[2]

（一）少子化是过疏化的成因之一

过疏化并不是简单的人口减少，而是在工业化、城市化的进程中地方社会的生产、生活不断变化的动态过程。其原因一方面是人口迁移导致的地方人口机械减少，另一方面是生育率下降导致的地方人口自然减少。也就是说，过疏化问题的产生，不仅源于地方人口的流出，也与少子化在地方的发展息息相关。

日本人口的自然增长率下降至0以下并开始持续为负始于2007年，但是日本总务省《住民基本台账人口要览》数据显示，日本过疏地区的自然增长率早在1989年就开始下降至0以下，比全国平均水平早了近20年。从表5.6可以看出，自1990年开始，日本过疏地区的人口自然增长率持续下降，始终低于全国平均水平，且与全国的差距越来越大。1990年日本过疏地区的人口自然增长率比全国低4.4个千分点，到2015年这一差距已扩大到7.2个千分点。可见，日本过疏地区少子化的程度较全国平均水平更为严重。

---

[1] 田毅鹏.20世纪下半叶日本的"过疏对策"与地域协调发展[J].当代亚太，2006 (10)：51-58.
[2] 田毅鹏，张帆.城乡结合部"村落终结"体制性影响因素新探[J].社会科学战线，2016 (10)：170-178.

表 5.6 日本过疏地区的人口变动情况

年份	人口变动（千人）		贡献度（％）		自然增长率（‰）	
	机械变动	自然变动	机械变动	自然变动	过疏地区	全国
1990	−122	−13	90	10	−0.9	3.5
1995	−80	−37	68	32	−2.7	2.1
2000	−69	−50	58	42	−3.7	1.8
2005	−87	−71	55	45	−5.6	−0.2
2010	−58	−89	39	61	−7.5	−1.0
2015	−70	−103	40	60	−9.4	−2.2

资料来源：根据日本总务省《平成 28 年度过剩对策现状》整理。

此外，可以从人口机械变动和自然变动的贡献度的配比，来分析人口迁移和低生育率两方面原因对过疏化影响程度的变化。在 1988 年，机械变动的贡献度为103％，自然变动的贡献度为−3％，过疏地区的人口自然变动尚能起到微弱的缓解过疏化的作用。此后，自然变动的贡献度转为正值，而且所占的比例越来越大，机械变动的贡献度则越来越小。截至 2015 年，日本过疏地区人口自然变动的贡献度上升至60％，而机械变动的贡献度下降至40％。过疏化由人口迁移主导逐渐转为低生育率主导。可见，少子化对过疏化的影响越来越大，现在已从过疏化的从属原因转变为主要原因。

（二）少子化对过疏地区的影响

日本过疏地区人口的减少、地方产业的衰退等一系列问题，导致过疏地区财政收入减少，与其他地区相比自主财源少而更依赖国家财政补贴，地区自立性减弱。日本过疏地区市町村的年平均财政收入为 117.06 亿日元，仅有全国市町村年平均财政收入的34.7％，与非过疏地区存在巨大差距。在财政来源上，全国市町村的财政收入以地方税收为主，收入额占年财政总收入的32.7％。但日本过疏地区的税收仅占其财政收入的13.1％，财政来源的38.4％依赖地方交付税等国家财政补贴。[①]

随着过疏化的发展，财政收入的减少直接导致了日本过疏地区财政力指数远低于全国平均水平，地方财政入不敷出。日本总务省《地方财政状况调查》指

---

① 张丁元. 日本人口过疏化问题研究 [D]. 长春：吉林大学，2019.

出，2015年过疏地区市町村财政力指数平均值仅为0.24，远低于全国平均水平的0.5。财政收入与所需财政支出比值低，财政缺口较大，自给能力不足，呈现十分脆弱的特点。

二、少子化对思想文化的影响

人口是一个社会思想文化的载体，人口的变动会影响思想文化的发展变化。少子化作为人口发展进程中前所未有的人口现象，对日本社会思潮、大众文化和文化传承都产生了巨大的影响。

（一）少子化对日本思想状况的影响

在日本的思想状况层面，从所谓的"现代"思潮向"后现代"思潮的转变，与人口转变的完成及少子化的开始有着密切的联系。对于这种转变的时点，日本学者认为是以1970年的大阪世博会为契机，紧随其后到来的少子化则加速了这种转变。[①]

在少子化开始之前，"现代"思潮是日本社会的主流思想状态。这种思潮表现为生产力至上主义，人们对国家、民族、官僚机构或企业具有很强的忠诚心，以及信奉"阶级斗争"的集团主义倾向和对特定意识形态的强烈的归属感。在"现代"思潮影响下，日本民众统一地抱有大量生产和大量消费的意识，这是支撑日本经济高速成长的深层因素。

随着少子化的开端和不断深化，日本的"现代"思潮受到冲击，转向"后现代"思潮。比起之前的对于集体的忠诚心和集团主义的思想倾向，"后现代"思潮影响下的日本人更重视个人的感性思考，且出现了"脱意识形态化"的思想倾向。在经济生活中，也由消费主义社会逐渐转向低欲望社会。

（二）少子化对日本大众文化的影响

在大众文化方面，少子化开始前的日本出现了以工人世代及其家属为中心的大众文化的繁荣。特别是在第二次世界大战后的日本，随着经济的复兴、城市化、工薪阶层的扩大化，电影、大众文学、大众新闻、流行歌曲等许多方面都掀起了大众文化的热潮。全家在客厅里一起收看电视节目的场景十分常见。流行歌曲的主题以浪漫的爱情、家庭之情、乡土之爱为主。这也反映了人口转变期的特征：农村向城市大规模人口移动和"近代家庭"的普及。

---

① 東浩紀. 動物化するポストモダン：オタクから見た日本社会 [M]. 東京：講談社，2001.

与大众文化相对，少子化时代的社会文化特征是年轻人文化的形成和亚文化的发展。亚文化是指媒体文化、青年文化、对抗文化、地下文化、脱社会化文化等。[①] 其中，对抗文化在日本又被称为"学园斗争"，是在20世纪70年代初形成的。对抗文化以越南反战运动和反公害市民运动为背景，以民谣、摇滚音乐、民谣戏剧等形式繁荣发展。以此为背景，"团块的世代"和"团块二代"在接受民主主义洗礼的基础上，随着大学升学率的上升、经济的增长及劳动力需求的高涨，这个时期的学生和青年劳动者涌向了都市。

随着少子化的深入，日本的亚文化在流行音乐、漫画、动画、广告、电脑游戏等多个领域展开并不断发展。这种潮流在20世纪90年代初开始出现。彼时"团块二代"集体进入成年，在少子化、老龄化、家庭和代际的变化，经济的成熟和经济成长的终结等多重因素的作用下，催生出丰富多样的亚文化。

（三）少子化对日本文化传承的影响

日本文化是在本国固有的文化基础上，兼容、统合外来的中国文化、西洋文化等多元文化而形成的，时至今日仍然为日本社会所广泛接受。[②] 少子化意味着今后社会人口的减少，而文化的传承与发展离不开人类的活动。因此，少子化对日本的文化传承具有负面的影响。

首先，少子化所引起的过疏化问题会影响日本地方传统文化的传承。非物质文化遗产与日常生活密切相关，是世代相承的传统文化的表现形式，包括口头传承、传统表演艺术形式，还包含一些民俗活动及节日庆典、传统手工艺技能等。传统文化的传承讲究一脉相承，在日本市町村的取消与合并过程中，部分市町村的称谓发生变化，以当地地名命名的一些传统表演艺术形式及民俗活动、手工艺技能等的传承将会受到影响。日本的非物质文化遗产保护工作开展得较早，但是目前较偏远地区的市町村人口中以老年人口，特别是高龄人口居多，人口高龄化程度很高，因此这些地区的一些口头传承的艺术形式及传统手工艺技能等的传承面临"后继无人"的难题。

其次，少年儿童人口的减少将直接影响日本传统文化的传承。传统文化，特别是以口头传承，以及以家庭、师徒等形式相传的传统手工技能，在少年儿童人口不断减少的今天，将面临无以承继的尴尬局面。一些传统的技能、文化由于表

---

① 伊奈正人. サブカルチャーの社会学［M］. 東京：世界思想社，1999.
② 顾杨妹. 少子化对日本文化传承的影响［J］. 吉林省教育学院学报（下旬），2013，29（5）：114-116.

现形式过于"落后",有些技能甚至已经可以由机械代替,因此大多数青少年表示没有兴趣。如同大多数中国青少年对京剧等中国传统戏曲兴趣索然一样,在日本,酷爱能乐、歌舞伎等传统艺术形式的青少年也非常少见。另外,枯燥、乏味的传统技能训练过程过于严苛,使许多青少年望而却步。少子化社会意味着未来社会中人口数量将不断减少,加之青少年对传统文化兴趣不高,势必影响传统文化的传承。

三、少子化对教育的影响

教育是关系一个民族未来的头等大事。而大众化教育主要针对的对象是少年儿童和青年人口。日本长期的少子化导致少年儿童和青年人口不断减少,对日本的教育产生了很大的影响。

(一) 少子化对日本中小学教育的影响

少子化对日本中小学教育最直接的影响是各级学校学生人数的减少。这种影响从 20 世纪 80 年代初,即"团块二代"之后的出生人口成长为学龄人口开始逐渐显现。日本文部科学省历年《学校基本调查》的数据显示,在 1980 年,日本小学的在校学生数为 1 182.7 万人,当年新入学的学生人数为 205.6 万人,此后这两个数字都开始持续减少,截至 2019 年,在校学生数为 636.9 万人,新入学学生数为 102.9 万人。[①]

日本初中和高中学生人数的减少比小学开始得晚一些,这是由于"团块二代"集体入学及后续出生人口的队列效果的影响。日本初中的在校学生数从 1990 年的 536.9 万人减少到 2019 年的 321.8 万人,新入学学生数从 1980 年的 185.4 万人减少到 2019 年的 107.9 万人。日本高中的在校学生数从 1990 年的 562.3 万人减少到 2019 年的 316.8 万人,新入学学生数从 1990 年的 187.1 万人减少到 2019 年的 105.3 万人。

---

① 総合教育政策局調査企画課 e-Stat. 学校基本調査 [EB/OL]. [2020-01-29]. https://www.e-stat.go.jp/stat-search/files? page=1&toukei=00400001&tstat=000001011528.

表 5.7 日本中小学教育统计的变化

	年份（年）	学校数（所）	平均每校学生数（千人）	全职教师数（千人）	师生比	在校学生数（千人）	新入学学生数（千人）
小学	1980	24 945	474	468	25.3	11 827	2 056
	1990	24 827	378	444	21.1	9 373	1 502
	2000	24 106	306	408	18.1	7 366	1 192
	2010	22 000	304	420	15.9	6 693	1 122
	2019	19 738	323	422	15.1	6 369	1 029
初中	1980	10 780	473	251	20.3	5 094	1 854
	1990	11 275	476	286	18.1	5 369	1 733
	2000	11 209	366	258	15.9	4 104	1 326
	2010	10 815	239	251	14.2	3 558	1 185
	2019	10 222	312	246	13.0	3 218	1 079
高中	1980	5 208	887	244	19.0	4 622	1 628
	1990	5 506	1 021	286	19.7	5 623	1 871
	2000	5 478	760	269	15.5	4 165	1 400
	2010	5 116	659	239	14.1	3 369	1 174
	2019	4 887	648	231	13.7	3 168	1 053

资料来源：根据日本文部科学省历年《学校基本调查》资料整理绘制。

学生人数受学龄人口数和入学率两方面因素的影响。日本小学和初中的入学率一直维持在极高的水平，自1975年后，均达到了99.9%以上；而高中的入学率也处于较高水平且呈上升的趋势，1985年为94.1%，2000年增长到97%。[1] 因此，1980年以来日本中小学学生数的减少几乎是受少子化的影响。

学生数量的不断减少导致一些规模过小的学校被迫关闭或合并，日本中小学的学校数量也随之不断减少。日本的小学数量在1980年为24 945所，到2019年减少到19 738所，减少了5 207所；日本的初中在1990年为11 275所，到2019年减少到10 222所，减少了1 053所；日本的高中在1990年为5 506所，到2019年减少到4 887所，减少了619所。

---

[1] 石人炳. 日本少子化及其对教育的影响[J]. 人口学刊，2005 (1)：46-50.

少子化对日本中小学教育的影响还表现为生均教育成本的增加，主要体现在三个方面。一是随着在校学生数的不断减少，师生比迅速降低。1980年，日本小学的师生比为25.3，初中的师生比为20.3，高中的师生比为19.0。截至2019年，日本小学的师生比仅为15.1，初中为13.0，高中为13.7。师生比的降低意味着每教育一个学生需要更多的师资资源。二是校均学生数的减少。尽管日本的中小学都出现了不同程度的撤并，但入学学生数减少的速度更快，导致校均学生数仍不断减少。这意味着教育资源的闲置和浪费。三是随着小规模学校被迫关闭，原有的校舍、教室等教育资源浪费。此外，被关闭的学校的学生被迫转校到更远的学校就读，增加了受教育的交通成本和时间成本。

（二）少子化对日本高等教育的影响

少子化对日本高等教育的首要影响在于学龄人口的减少。日本高等教育的生源绝大部分来自当年高中毕业的18岁人口。在1992年之前，日本的18岁人口大致呈递增的趋势，1990—1992年之间达到了200万人以上。但是在1992年之后，随着"团块二代"全部成长到18岁以上，日本18岁的人口开始逐年减少。截至2017年，日本18岁人口仅为121.2万人，直接导致高等教育的生源大幅缩水。

少子化对日本高等教育的影响还体现为教育结构的改变，其中受到冲击最大的是日本的短期大学。从表5.8可以看出，虽然1992—2019年间生源人口大幅减少，但日本四年制大学的数量和教育规模都有一定的扩张，而短期大学受到了极大的冲击。1992年，日本共有短期大学591所，比四年制大学更多，但随着生源减少，大批短期大学破产、关闭，2019年只剩下326所，不足四年制大学的一半。1992年，日本短期大学的在校学生数为52.5万人，是四年制大学的22.9%；2019年，日本短期大学的在校学生数锐减至11.3万人，仅是四年制大学的3.9%。此外，日本短期大学的教职员数、入学人数和入学志愿者人次数也都呈断崖式缩减。

表5.8 日本大学和短期大学的变化

	学校数（所）		学生数（万人）		教职员数（万人）	
	大学	短期大学	大学	短期大学	大学	短期大学
1992年	523	591	229.3	52.5	39.6	7.4
2019年	786	326	291.9	11.3	64	3.1

(续表)

	学校数（所）		学生数（万人）	教职员数（万人）
	入学人数（万人）		入学志愿者数（万人次）	
	大学	短期大学	大学	短期大学
1992 年	54.2	25.5	506.3	93.2
2019 年	63.1	5.1	503.3	7.8

资料来源：根据日本文部科学省1992年和2019年《学校基本调查》资料整理绘制。

生源人口的缩减和高等教育结构的转变共同导致日本大学生整体素质的降低。1992年，日本高等教育入学人数占当年18岁人口数的39.1％，其中四年制大学的入学人数占当年18岁人口数的26.6％。而到了2019年，这两个比例分别上升为56.3％和52.1％。也就是说，过去学力水平无缘高等教育的学生现在更容易考上大学；过去学力水平只能上短期大学的学生现在更容易考上四年制大学。在过去高考竞争激烈的年代，高中生必须努力学习才能上大学。而现在，四年制大学和短期大学根据学生入学时的学力水平进行选拔的严格性丧失了，于是，中学生的学习积极性降低了，大学生的整体素质也随之降低。在京都大学工学系，1988年统计数学的年终考试有2/3的学生合格，但1998年与10年前难度相当的考试竟没有一个学生合格。由于学生学力下降，近年来有不少大学在新生入学后要为他们开设高中补习课，严重影响了高等教育的质量。[①]

[①] 石人炳.日本生育率下降对高等教育的影响［J］.南京师大学报（社会科学版），2005（5）：86-90.

第六章 日本少子化对策评析

长期的少子化进程导致了日本劳动年龄人口减少、老龄化程度加剧、市场规模缩小、地方社会活力降低等问题，给日本社会带来了广泛而巨大的影响。日本的少子化对策正是在这样的背景下产生的。1989年，日本的总和生育率降至史无前例的1.57，甚至低于1966年"丙午迷信"的1.58，引起了日本国民的轰动，史称"1.57冲击"。少子化问题至此才得到日本国民的重视，出生率低下和少年儿童人口减少在日本成了受到广泛关注的社会性问题。而日本政府真正开始少子化对策的探讨，正是以"1.57冲击"为契机。

相对于长期的少子化进程，日本政府的应对政策略显滞后。即便如此，日本政府开始实施少子化对策也已有20多年的历史，积累了丰富的经验。因此，对日本的少子化对策进行研究对中国应对低生育率问题具有借鉴意义。本章主要围绕少子化对策的发展阶段、对策体系、政策工具分析和对策效果四个方面对日本的少子化对策展开分析与评价。

第一节 日本少子化对策的演进

自1990年的"1.57冲击"以来，日本政府为遏制本国的少子化进程、提振生育率而制定、施行了一系列的法律、制度、规划及具体政策措施，已形成一个综合性的少子化对策体系。总结近30年来日本少子化对策的演变过程，可以将其分为三个阶段。

一、计划筹备阶段

第一阶段是少子化对策的计划筹备阶段（1990—2002年），显著特征是对策体系的草创与规划。这一阶段日本政府的少子化对策主要集中在对于工作和育儿兼顾的支援方面，目标是构建让年轻人能够更轻松地生育、育儿的社会环境，并为今后少子化对策的展开制定了一系列的计划、方针。

1994年12月，日本政府四省（文部省、厚生省、劳动省、建设省）联合制定了《今后育儿支援政策的基本方向》（又称为天使计划），确定了其后10年间的基本方向和重点政策。[1] 为了确保天使计划的实施，日本政府还制定了《紧急保育对策等5年事业》（大藏、厚生、自治三省联合），计划扩大保育设施容量，完善低龄儿童（0~2岁）保育措施、延长保育时间，设立地方育儿支援中心等内容。[2]

1999年12月，日本政府又制定了《少子化对策推进基本方针》（少子化对策推进关系阁僚会议决定）和以此方针为基础的《重点推进少子化对策的具体实施计划》（新天使计划）。新天使计划是在重新研究天使计划和《紧急保育对策5年事业》的基础上制定的2000—2004年的五年计划，设定的目标项目不仅包括保育方面，还包括稳定雇佣、母子保健、咨询服务、教育等诸多事业。[3]

此外，内阁会议于2001年7月决定的《工作和育儿兼顾支援方针》[4] 和合并后的厚生劳动省于2002年9月出台的《少子化对策＋1》等政策，都着眼于通过推动工作方式的改革和加强保育支援等措施协调工作和育儿的关系。[5]

二、全面开展阶段

第二阶段是少子化对策的全面开展阶段（2003—2008年），显著特征是日本政府将少子化对策上升到法律层面，少子化对策开始在社会生活的各方面全面展开。这一阶段日本少子化对策的主要着眼点是支援育儿家庭、重塑社会意识、发挥地方自治团体和企业的力量共同应对少子化问题。

（一）少子化对策元年和立法时代到来

---

[1] 内阁府．少子化社会对策白书［EB/OL］．［2019-09-26］．https：//www8.cao.go.jp/shoushi/shoushika/whitepaper/measures/w-2019/r01pdfhonpen/r01honpen.html.
[2] 厚生省．紧急保育对策等5か年事业の概要［EB/OL］．（1996-12）［2019-09-28］．http：//www.ipss.go.jp/publication/j/shiryou/no.13/data/shiryou/syakaifukushi/517.pdf.
[3] 厚生劳働省．新エンゼルプランについて［EB/OL］．（1999-12-19）［2019-09-28］．https：//www.mhlw.go.jp/www1/topics/syousika/tp0816-3_18.html.
[4] 内阁府男女共同参画局．仕事と子育て両立支援策の方针について［EB/OL］．（2001-07-06）［2019-09-27］．http：//www.gender.go.jp/kaigi/danjo_kaigi/kosodate/130706.html.
[5] 厚生劳働省．少子化対策プラスワン［EB/OL］．（2002-09-20）［2019-09-27］．https：//www.mhlw.go.jp/houdou/2002/09/h0920-1.html.

2003年7月，日本政府制定了《少子化社会对策基本法》（平成15年法律第133号），并于同年9月开始实施。这是日本政府首次从法律层面确立少子化对策的重要性，明确了针对少子化社会施策的基本理念和少子化对策的综合推进计划，因此2003年在日本被称作"少子化对策元年"。基于该法，日本政府设置了"少子化社会对策会议"，作为今后综合推进少子化对策的核心中枢，以内阁总理大臣作为会长，由内阁府全体阁僚构成。该法还规定了日本政府应履行制定《少子化社会对策大纲》的义务。①

与此同时，为了应对家庭和地方育儿能力低下的问题，日本政府从社会全体共同支援育儿家庭的视点出发，制定了《次世代育成支援对策推进法》（平成15年法律第120号），意图在其后10年间集中地、有计划地促进地方公共团体及企业为支援育儿家庭贡献力量。该法以日本政府制定的少子化对策为基础，为地方公共团体及企业制订了具体的行动计划，包括育儿支援对策欲达到的具体目标、对策内容和实施期间等。②该法在2014年进行了修订并延长有效期10年。

2004年6月，基于《少子化社会对策基本法》，少子化社会对策会议制定了《少子化社会对策大纲》（以下简称《大纲》），日本政府开始了遏制少子化趋势的政策探索。该《大纲》规定遏制少子化的首要课题是构建健康育儿社会和能够因生养儿女而感到喜悦的社会，主张社会全体支援育儿家庭，使每个家庭都能安心、快乐地育儿，全国共同努力改变少子化的趋势。③该《大纲》的主要内容可以概括为"3个视角""4个重点"和28项具体措施。"3个视角"分别是年轻人自立的希望和能力、消除育儿的不安和壁垒、以家庭和地方为育儿支援新纽带；"4个重点"分别是年轻人自立和育儿的自由、工作和家庭兼顾的支援、理解生命的珍贵和家庭的作用、构建育儿支援新纽带；28项具体措施即基于3个视角、围绕4个重点展开的一系列具体行动指南。2004年12月，为了有效地推进大纲中的政策，少子化社会对策委员会制定了《基于少子化社会对策大纲的具体实施计划》（儿童、育儿支援计划），规划了2005—2009年五年间国家、地方

---

① 内阁府. 少子化社会对策基本法［EB/OL］.（2003-07-30）［2019-09-28］. https://www8.cao.go.jp/shoushi/shoushika/meeting/outline/shoushilaw.html.
② 衆議院. 次世代育成支援対策推進法［EB/OL］.（2003-07-16）［2019-09-28］. http://www.shugiin.go.jp/internet/itdb_housei.nsf/html/housei/15620030716120.html.
③ 内阁府. 少子化社会对策大綱［EB/OL］.（2004-06）［2019-09-28］. https://www8.cao.go.jp/shoushi/shoushika/law/pdf/shoushika_taikou.pdf.

公共团体及企业的具体政策目标。①

（二）人口减少时代的全面干预

2005年是日本自1899年开始人口动态统计以来，首次出现出生人数少于死亡人数的情况。当年无论是出生人数106万人，还是总和生育率1.26，都创下了历史新低。为了对应超出预期的深度少子化进程，从根本上扩充、强化少子化对策，少子化社会对策会议于2006年6月制定了《关于新少子化对策》。《关于新少子化对策》通过制定"家庭日""家庭周"等举措，推进家庭、地方纽带的再生和社会全体意识的改革。同时，从支援全体育儿家庭的视点出发，着眼于儿童成长、育儿需求的变化，制定了无论家长是否工作，都能够覆盖从怀孕、出生到高中、大学的少年儿童各大成长阶段的育儿支援对策。②

2007年12月，少子化社会对策会议制定了《支持儿童和家庭的日本重点战略》（以下简称"重点战略"）。重点战略的内容：为了解决日本工作和生育、育儿无法兼顾的社会构造，重新审视工作方式，实现工作和生活的协调；基于家庭育儿，全面地支援育儿家长兼顾工作与育儿。③为了实现人们工作和生活的兼顾，2007年12月，由政府、劳动者团体和雇主团体等代表构成的"工作和生活协调推进官民峰会"制定了《协调工作和生活宪章》和《推进工作和生活相协调的行动指南》。此外，基于重点战略，日本政府于2008年2月发表了《新待机儿童归零作战》。④其目的是使有托儿需求的人都可以安心地托儿、安心地工作，组织社会全体力量支援育儿工作，强化保育设施的质量，充实保育设施的数量，以消除保育所的待机儿童。

三、调整深化阶段

第三阶段是少子化对策的调整深化阶段（2009年—至今），显著特征是少子化应对机构专门化和少子化对策的不断调整与充实。这一阶段日本政府成立了一

---

① 厚生労働省. 子ども・子育て応援プラン［EB/OL］.（2006-12-19）［2019-09-28］. https://www.mhlw.go.jp/bunya/kodomo/jisedai22/pdf/data.pdf.
② 内閣府. 新しい少子化対策について［EB/OL］.（2006-06-20）［2019-09-28］. https://www8.cao.go.jp/shoushi/shoushika/family/summary/pdf/taisaku.html.
③ 内閣府.「子どもと家族を応援する日本」重点戦略［EB/OL］.（2007-12）［2019-09-28］. https://www8.cao.go.jp/shoushi/shoushika/meeting/measures/decision.html.
④ 厚生労働省.「新待機児童ゼロ作戦」について［EB/OL］.（2008-02-27）［2019-09-28］. https://www.mhlw.go.jp/houdou/2008/02/h0227-1.html.

系列少子化专门应对机构，各类对策的出台越发密集，且对策措施更加具体、针对性更强。这一阶段少子化对策的主要着眼点是财政资源的保障、工作方式的改革和婚育全程无缝衔接的支援。

（一）广泛讨论与专项攻坚相结合

2009年1月，日本内阁府成立了"从零开始考虑少子化对策项目组"，在少子化对策担当大臣的领导下，开展了共计10次会议、地方磋商和公开讨论会，并于同年6月将结果总结为《"大家的少子化对策"建议》。同年10月，日本政府成立了由内阁府少子化对策担当的政务三大臣（大臣、副大臣、大臣政务官）组成的"儿童、育儿前景探讨工作组"，听取学者、企业家、育儿支援关联的地方自治体负责人的意见，并广泛征集国民的意见，于2010年1月制定了《儿童·育儿蓝图》（以下简称《蓝图》），对实施儿童、育儿支援政策提出了三大理念：一是重视生命和养育，二是回应困难的声音，三是支援生活。[1]

结合《蓝图》，少子化社会对策会议成立了属下的"儿童、育儿支援新系统探讨会议"，并于2012年3月制定了《儿童、育儿新系统相关的基本制度》。基于该制度，政府向国会提交了作为社会保障、税收一体化改革关联法案的《儿童·育儿支援法》等三个法案（又称儿童·育儿关联三法）。[2] 经过国会的修正，政府基于三法推进了正式施行儿童、育儿支援新制度的准备，如在2014年提高消费税（由5%提高至8%）以确保财政收入、在待机儿童较多的地区推行"保育紧急确保事业"等。

为了加快解决以城市为中心的严重的待机儿童问题，日本政府于2013年4月制定了《加速消除待机儿童计划》，得到了有意于消除待机儿童的地方自治团体的支援。该计划在2013年和2014年的待机儿童消除"紧急集中解决期间"内，实现了20万人次保育容量的增长。[3]

2013年3月，日本内阁府先后成立了两期"少子化危机突破特别工作组"。该工作组于同年5月提出了《少子化危机突破提案》。同年6月，少子化社会对策会议制定了《少子化危机突破紧急对策》（以下简称《紧急对策》）。《紧急对

---

[1] 内閣府. 子ども・子育てビジョン［EB/OL］.（2010-01-29）［2019-09-28］. https://www8.cao.go.jp/shoushi/shoushika/family/vision/pdf/gaiyo.pdf.

[2] 内閣府. 子ども・子育関連3法について［EB/OL］.（2013-04）［2019-09-28］. https://www8.cao.go.jp/shoushi/shinseido/law/kodomo3houan/pdf/s-about.pdf.

[3] 厚生労働省. 待機児童解消加速化プラン［EB/OL］.［2019-09-28］. https://www.mhlw.go.jp/bunya/kodomo/pdf/taikijidokaisho_01.pdf.

策》强化了过往少子化对策中的育儿支援政策和工作方式改革政策，并提出了"结婚、怀孕、生育支援"的新的支柱政策，以这三个政策为"三支箭"，充实、强化了对结婚、怀孕、生育、育儿的"无缝衔接的支援"的综合政策。[①] 同年12月，日本内阁会议决定的《实现良性循环的经济决策》中加入了关于地方少子化对策强化的内容，设立了"地方少子化对策强化交付金"，每年的额度为30.1亿日元。

对于利用保育所的双职工家庭，当孩子上了小学后，就必须直面如何在孩子放学后安置孩子的问题，即所谓的"小一壁垒"[②]。为了打破"小一壁垒"，日本文部科学省和厚生劳动省进行了联合探讨，并于2014年7月制定了《小学生学后综合计划》（以下简称《计划》）。该《计划》旨在推进小学生放学后能够安心、安全滞留的场所的工作。此外，该《计划》从培养下一代人才的观点出发，不仅针对双职工家庭的孩子，而且制定以全部小学生为对象的综合学后对策，让所有的孩子在放学后都能获得多样的活动体验。[③] 该《计划》决定，到2019年末要设立能够容纳30万人的学后儿童俱乐部；同时，要在所有的小学校区内设立超过1万所一站式的学后儿童俱乐部和学后儿童教室。此后，这一计划于2018年9月被更新，进一步设定了其后5年的计划目标。[④]

（二）新大纲指导下的具体施策

为了适应少子化的新形势，日本政府决定制定新的少子化大纲，并于2014年底成立了"新少子化社会对策大纲研讨会"，在内阁府特命担当大臣的组织下展开了详细的讨论。2015年3月，日本内阁府制定了新的《少子化社会对策大纲》。这部新大纲旨在深化社会全体的认识，共同构建婚育、育儿亲和的社会。该大纲在充实之前的少子化对策的基础上，新增了一系列对策内容，包括：确保"儿童、育儿支援新制度"的平稳实施，提供至少1兆日元的财政支持；创建年轻人更容易实现结婚、生育希望的社会环境，减免部分"赠与税"，以促进老年

---

① 内阁府. 少子化危机突破のための紧急对策［特集］［EB/OL］.（2013-06-07）［2019-09-28］. https://www8.cao.go.jp/shoushi/shoushika/whitepaper/measures/w-2013/25pdfgaiyoh/pdf/s2-3.pdf.

② 注：在日本，孩子升至小学一年级时给双职工家庭带来的工作和育儿无法兼顾的障碍被称为"小一壁垒"。

③ 厚生劳働省，文部科学省. 放课后子ども综合プランについて［EB/OL］.（2014-08-11）［2019-09-28］. https://www.mhlw.go.jp/file/06-Seisakujouhou-11900000-Koyoukintoujidoukateikyoku/0000054557.pdf.

④ 文部科学省. 新・放课后子ども综合プラン［EB/OL］.（2018-09-14）［2019-09-28］. http://www.mext.go.jp/b_menu/houdou/30/09/_icsFiles/afieldfile/2018/09/14/1409159_1.pdf.

人财产向年轻人转移；幼儿园、保育所等向多子家庭第三孩及以上儿童免费，住宅政策向多子家庭倾斜；推进职场改革，培养尊重育儿的企业文化；等等。① 同年 4 月，日本内阁府成立了负责推进新大纲和儿童·育儿新制度施行的新机构"儿童·育儿本部"，以内阁府特命担当大臣为本部长。

2016 年 6 月，经日本内阁会议决定，通过了《日本一亿总活跃计划》。该计划以直面阻碍日本经济成长的少子高龄化、提振总和生育率至 1.8 为目标，提出了克服现有少子化对策制约因素的对策。② 工作方式的改革被视为施行该计划的最大挑战，为了解决这一挑战，日本内阁府通过召开"工作方式改革实现会议"进行讨论，于次年 3 月制订了《工作方式改革实行计划》，旨在解决长时间劳动、非正规雇佣待遇等问题。③

鉴于女性就业率和保育利用申请率共同上升的情况，日本厚生劳动省于 2017 年 6 月提出了《安心育儿计划》。该计划提出，在 2019 年末之前（最迟 2020 年末）在全国范围内消除待机儿童，并在 2022 年末之前整备 32 万人次的保育承载量，以对应女性就业率 80% 以上的保育需求。④ 随后，这一时限在同年 12 月内阁会议决定的《新一揽子经济计划中》被提前到了 2020 年。⑤ 该计划还提出了"育人革命"的理念，包含幼儿教育和高等教育无偿化，以 2 兆日元的规模向育儿一代、儿童一代人大胆地投入财政资源，社会保障制度向全世代型转变等改革措施。为确保该施行计划的财源，日本政府于 2019 年 10 月起将消费税上调至 10%。

为了推进工作方式的改革，日本国会于 2018 年 6 月通过了《整备关于工作方式改革相关法律的法律》（平成 30 年法律第 71 号），对《劳动基准法》《劳动契约法》等现有法律进行了部分修订。⑥ 日本少子化对策的演进历程，见表 6.1。

---

① 内阁府. 少子化对策大纲 [EB/OL]. (2015-03-20) [2019-09-28]. https://www8.cao.go.jp/shoushi/shoushika/law/taikou2.html.

② 首相官邸. ニッポン一億総活躍プランについて [EB/OL]. (2016-06-02) [2019-09-28]. https://www8.cao.go.jp/shoushi/shinseido/meeting/kodomo_kosodate/k_28/pdf/s7-1.pdf.

③ 首相官邸. 働き方改革実行計画概要 [EB/OL]. (2017-03-28) [2019-09-28]. https://www.kantei.go.jp/jp/headline/pdf/20170328/05.pdf.

④ 首相官邸.「子育て安心プラン」について [EB/OL]. (2017-06-22) [2019-09-28]. https://www.kantei.go.jp/jp/singi/syakaihosyou_kaikaku/dai7/shiryou7.pdf.

⑤ 内阁府. 新しい経済政策パッケージについて [EB/OL]. (2015-03-20) [2019-09-28]. https://www5.cao.go.jp/keizai1/package/20171208_package.pdf.

⑥ 参議院. 働き方改革を推進するための関係法律の整備に関する法律 [EB/OL]. (2018-07-06) [2019-09-28]. https://www.sangiin.go.jp/japanese/joho1/kousei/gian/196/pdf/s0801960631960.pdf.

表 6.1 日本少子化对策一览①

阶段	年份（年）	对策	出台机构	阶段特征
计划筹备阶段	1994	《今后育儿支援政策的基本方向》（天使计划）	文部、厚生、劳动、建设四省	草创与规划
	1994	《紧急保育对策等5年事业》	大藏、厚生、自治三省	
	1999	《少子化对策推进基本方针》	内阁会议	
	1999	《重点推进少子化对策的具体实施计划》（新天使计划）	大藏、文部、厚生、劳动、建设、自治六省	
	2001	《工作和育儿兼顾支援方针》	内阁会议	
	2002	《少子化对策＋1》	厚生劳动省	
全面开展阶段	2003	《次世代育成支援对策推进法》	国会立法	法治高度、全面展开、社会全体参与
	2003	《少子化社会对策基本法》	国会立法	
	2004	《少子化社会对策大纲》	内阁会议	
	2004	《基于少子化社会对策大纲的具体实施计划》（儿童、育儿支援计划）	少子化社会对策会议	
	2006	《关于新少子化对策》	少子化社会对策会议	
	2007	《支持儿童和家庭的日本重点战略》	少子化社会对策会议	
	2007	《协调工作和生活宪章》	工作和生活协调推进官民峰会	
	2007	《推进工作和生活相协调的行动指南》	工作和生活协调推进官民峰会	
	2008	《新待机儿童归零作战》	厚生劳动省	

① 注：2001年1月，日本厚生省和劳动省合并为厚生劳动省，文部省和科学技术厅合并为文部科学省。

(续表)

阶段	年份(年)	对策	出台机构	阶段特征
调整深化阶段	2009	《"大家的少子化对策"建议》	从零开始考虑少子化对策项目组	机构专门化、政策密集、政策措施更具体、针对性更强
	2010	《儿童·育儿蓝图》	儿童、育儿前景探讨工作组	
	2012	《儿童、育儿新系统相关的基本制度》	儿童、育儿支援新系统探讨会议	
	2012	《儿童·育儿支援法》（儿童·育儿关联三法）	国会立法	
	2013	《加速消除待机儿童计划》	厚生劳动省	
	2013	《少子化危机突破提案》	少子化危机突破特别工作组	
	2013	《少子化危机突破紧急对策》	少子化社会对策会议	
	2013	《实现良性循环的经济决策》	内阁会议	
	2014	《小学生学后综合计划》	文部科学省、厚生劳动省	
	2015	新《少子化社会对策大纲》	内阁会议	
	2016	《日本一亿总活跃计划》	内阁会议	
	2017	《工作方式改革实行计划》	工作方式改革实现会议	
	2017	《安心育儿计划》	厚生劳动省	
	2017	《新一揽子经济计划中》	内阁会议	
	2018	《整备关于工作方式改革相关法律的法律》	国会立法	

资料来源：根据日本内阁府、厚生劳动省、首相官邸、众议院等官方资料整理编制。

第二节 日本少子化对策的体系

通过梳理日本少子化对策的演进历程，可以看出日本政府对少子化问题十分重视，自1994年以来的二十几年中陆续出台了三十余项针对少子化的法律、政策、提案、计划等，其施策密度之大、覆盖范围之广可见一斑。

日本政府在制定和执行少子化对策的过程中，内阁府、文部科学省、厚生劳动省、大藏省、财务省等众多中央行政机构全都参与其中，相继成立了多个专项委员会、工作组、项目组等机构来制定和推进少子化对策，并充分发挥学界、地方自治团体、企业等社会各界的力量，力图创建全社会共同应对少子化问题的政策环境。可以说，日本的少子化对策已经形成一个复杂的、综合性的政策体系。为了更好地分析和理解这种"复杂"性，本文结合日本少子化对策的演进历程，将其体系归纳为四个层次和三条主线。

一、组织架构的四个层次

日本的少子化对策可谓政出多门，是由法律法规及一系列综合性对策措施组成的有机整体。但政出多门并不意味着混乱无章或权责不明，仔细归纳日本各项少子化对策形成的过程和出台的部门，可以发现其体系分为国会立法、内阁会议决定、少子化对策会议、其他政府部门和专门会议四个层次。四个层次有着各自明确的角色定位，各个层次之间也有着紧密的联系。

日本少子化对策体系的最顶层是国会立法，其主要的角色定位是整个体系的顶层设计。国会立法以法律的形式明确少子化对策的宗旨和基本方针，规定政府、地方自治体、企业等各主体的责任和义务，促进少子化对策的制定和实施，为应对少子化提供法制保障。其中，具有代表性的法律有《少子化社会对策基本法》《次世代育成支援对策推进法》和《儿童·育儿关联三法》等。

日本少子化对策体系的第二层由作为最高行政机关的内阁府通过内阁会议制定的一系列纲领性、指导性的大纲、计划等组成，明确少子化对策的总体目标、基本理念和重点课题，构成少子化对策总括性的政策框架。其中，具有代表性的政策文件包括《少子化社会对策大纲》《工作和育儿兼顾支援方针》和《儿童·育儿蓝图》等。

日本少子化对策体系的第三层是由内阁成员组成的少子化社会对策会议作为综合对应少子化问题的专门机构推行的一系列具体政策措施，是各项内阁会议决定出台后得以顺利实施的保障。少子化社会对策会议自 2003 年设立以来已召开 14 次会议，对协调个行政部门、审议重要事项、充实和推进少子化对策起到了至关重要的作用。[①] 其出台的重要政策文件包括《基于少子化社会对策大纲的具体实施计划》《支持儿童和家庭的日本重点战略》和《少子化危机突破紧急对策》等。

日本少子化对策体系的第四层是各政府职能部门和各专门会议针对具体问题采取的具体政策措施。政府职能部门的参与，一方面可以推动少子化对策的具体实施，另一方面可以针对本部门所负责的具体问题出台相符的、更为细致的对策措施，如厚生劳动省出台的《新待机儿童归零作战》和《安心育儿计划》、文部科学省出台的《小学生学后综合计划》等。通过专门会议制定少子化对策，则更加灵活具体、具有针对性，而且可以广泛吸收学界、地方自治体、企业等社会各界的意见和建议，如"工作和生活协调推进官民峰会"制定的《协调工作和生活宪章》，"儿童、育儿支援新系统探讨会议"制定的《儿童、育儿新系统相关的基本制度》和"工作方式改革会议"制定的《工作方式改革实行计划》等。日本少子化对策的四个层次结构见图 6.1。

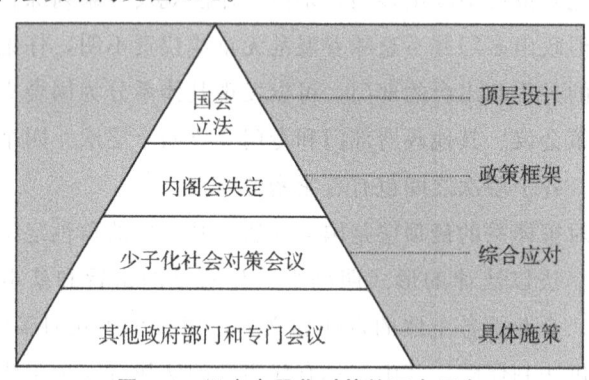

图 6.1　日本少子化对策的四个层次

日本少子化对策体系的四个层次由顶层向底层进行指导，由底层向顶层进行扩充和具体实施。但需要注意的是，这四个层次在时间上并没有严格的层级顺序。比如，由第四层政府职能部门出台的《今后育儿支援政策的基本方向》（政

[①]　内阁府. 少子化社会对策会议について [EB/OL]. [2019-09-28]. https://www8.cao.go.jp/shoushi/shoushika/meeting/measures/index.html.

府四省联合)、《紧急保育对策等 5 年事业》(政府三省联合) 等政策,在时间上还要早于相关的国会立法和内阁会议决定的《少子化社会对策大纲》。这些政策作为日本少子化对策计划筹备阶段的早期尝试,反而推进了相关国会立法和《少子化社会对策大纲》的制定和实施。这体现了日本少子化对策体系的形成经历了由实践上升到理论,再由理论指导实践的发展过程。

二、对策内容的三条主线

日本少子化对策的覆盖面很广,上至财政改革,下至动员地方居民的参与,可以说已涉及社会生活的方方面面。尽管日本的少子化对策体系显得纷繁复杂,但仔细分析其对策措施的具体内容,可以发现一系列的对策都是围绕三条主线展开的,分别是经济援助、支援生育和育儿、改革工作方式。

经济援助这条主线的内容主要是通过补贴或减免税费等方式,减轻目标人群(主要是育儿家庭和有婚育意愿的年轻人)的经济负担;支援生育和育儿这条主线的内容主要是通过提供保育和教育资源,减轻目标人群的育儿负担;改革工作方式这条主线的内容主要是通过保障就业机会或缩短工作时间等方式,减轻目标人群的工作负担。将众多具体的对策措施与这三条主线进行对应可以发现,三条主线间的关系并非互不相关,而是互相之间都存在交集,日本少子化对策的具体措施正是集中于这些交集之中(见图 6.2)。

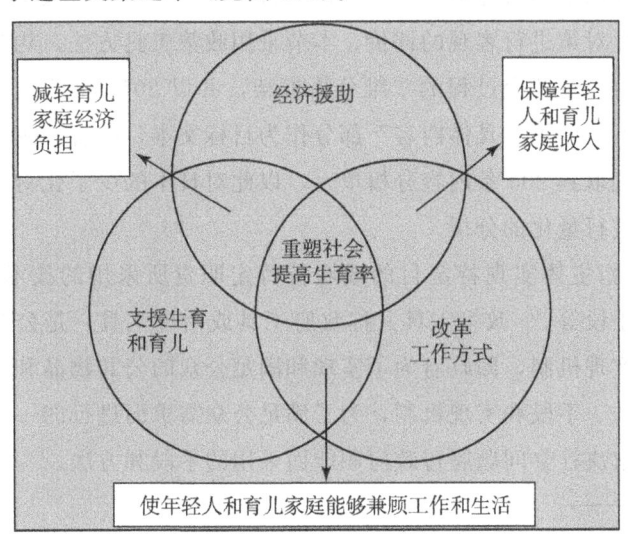

图 6.2 日本少子化对策的三条主线

经济援助、支援生育和育儿这两条主线的交集,即减轻育儿家庭经济负担的对策，包括儿童补贴、减免赠与税、各种减免政策向多子家庭倾斜、社会保障和税收一体化改革、地方少子化对策交付金等内容。经济援助、改革工作方式这两条主线的交集，即保障年轻人和育儿家庭收入的对策，包括针对年轻人的就业支援政策、改善非正规雇佣待遇、女性就业活跃计划、单亲家庭居家就业支援、地方创生战略等内容。支援生育和育儿、改革工作方式这两条主线的交集，即使年轻人和育儿家庭能够兼顾工作和生活的对策，包括延长保育时间、减少长时间劳动、男性育儿休假制度、消除待机儿童、设置学后儿童教室等内容。

三条主线共同交集的核心部分，即日本少子化对策体系的基本理念和整体目标：重塑社会、提高生育率。具体来说，就是使重视结婚、怀孕、儿童、育儿的意识在整个社会中深化共有，并体现在国民的行动中，使年轻人能够更积极地考虑结婚、生育、育儿等问题；重新审视社会各个领域的制度、系统，构建人人都能实现婚育愿望、安全而且安心地生养子女的社会，从而提高生育率，遏止乃至逆转少子化的进程。

第三节　政策工具视角下的少子化对策量化分析

少子化对策的根本目标是影响和干预人口过程，属于人口政策的范畴。为了对日本的少子化对策进行客观的评价，本节采用政策工具方法，构建政策工具类型和结婚、生育、育儿全过程的二维分析框架，并以2015年的新《少子化社会对策大纲》中的"施策的具体内容"部分作为目标文本，结合二维分析框架进行逐条编码，共抽取到206条内容分析单元，以此对日本的少子化对策在政策工具选择中的配置进行量化的分析。

"工具"是指主体实现特定目的或履行特定职责所采用的技术措施、机制、方法、策略与手段等。[1] 政策工具又称政府工具或治理工具，是公共物品和服务的供给方式和实现机制，即政府为了实现和满足公众的公共物品和服务的需求所采取的各种方法、手段和实现机制，为了满足公众需求而进行的一系列的制度安排，是政府为解决社会问题履行政府职能而采用的手段和方法。[2]

---

[1] 孙志建. 政府治理的工具基础：西方政策工具理论的知识学诠释 [J]. 公共行政评论，2011 (6)：67-103.

[2] 陈振明. 政策科学教程 [M]. 北京：科学出版社，2015.

一、政策工具分析框架

政策工具分析是公共政策研究的一个重要方法，可以将政策文本经过内容分析进行量化处理，从而可以对公共政策进行较为客观的解析。政策工具是决策者用来实现政策目标的手段和方式。[①] 国内外学者对政策工具的分类和划分研究颇多，经过对政策工具的划分和组合，形成自己特有的"工具箱"。[②] 学者在多种政策工具分类的基础上配合以实证分析，通过对政策工具优缺点的研究建立政策工具的选择标准。[③]

本研究主要参考罗斯维尔（Rothwell）和泽赫菲尔德（Zegveld）对政策工具的经典分类方法，将政策工具分类维度分为供给型政策工具、需求型政策工具和环境型政策工具。[④] 同时，将生育行为的全过程作为另一个维度，分为结婚、生育和育儿。在此基础上，将整个工具分类维度作为 X 轴，将生育行为全过程的维度作为 Y 轴，构建少子化对策的二维分析框架。

如图 6.3 所示，X 维度分为供给、需求和环境三个类型的政策工具。供给型政策工具主要表现为少子化对策的推动作用，可以理解为增强意愿的政策；需求型政策工具主要表现为少子化对策的拉动作用，可以理解为减少障碍的政策；环境型政策工具主要表现为少子化对策的影响作用，可以理解为提供良好环境的政策。Y 维度分为结婚、生育和育儿三个环节，代表生育行为的全过程。由于日本的非婚生育率极低，结婚可以被视为生育的前提，晚婚化和不婚化会降低生育率，因此本研究将结婚视为生育行为全过程的一个先导环节纳入 Y 维度进行考察。而育儿负担过重会极大地降低生育意愿，这也是造成日本少子化的主要原因之一，因此本书将育儿视为生育行为全过程的后续环节纳入 Y 维度进行考察。

---

① 王辉. 政策工具视角下我国养老服务业政策研究 [J]. 中国特色社会主义研究，2015（2）：83-90.
② 陈振明，张敏. 国内政策工具新进展 1998-2016 [J]. 江苏行政学院学报，2017（6）：109-116.
③ 孙碧竹. 我国社会养老服务体系发展研究 [D]. 长春：吉林大学，2019.
④ ROTHWELL R, ZEGVELD W. Reindusdalization and Technology [M]. London: Logman Group Limited, 1985: 83-104.

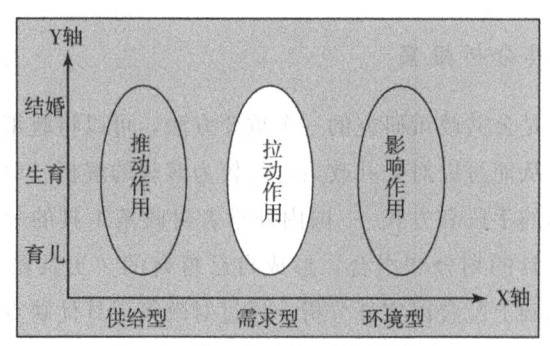

图 6.3　少子化对策二维分析框架

二、政策文本选择与编码

在构建政策工具分析框架的基础上，还需要选择适合的目标政策文本并对其进行编码，以便抽取到合理、可靠的内容分析单元。《少子化社会对策大纲》是日本少子化对策中最具有代表性的政策文件，且 2015 年的新大纲在以往以支援育儿为重点对策的基础上，新加入了对结婚和教育阶段的支援，对策措施更为全面。因此，本研究选取 2015 新《少子化社会对策大纲》中"施策的具体内容"部分作为目标政策文本展开内容分析。

新《少子化社会对策大纲》中"施策的具体内容"共分为五个重点课题：一是充实育儿支援政策；二是整备年轻人可以轻松实现婚育愿望的环境；三是更多地考虑多子家庭，创造可以轻松养育三个以上孩子的环境；四是改革男女的工作方式；五是结合地方情况强化对策。每个重点课题下都有若干子课题和相应的详细对策措施。以此为目标政策文本，按照不可细分原则对文本内容进行逐条编码、归类。编码完成后，共抽取到内容分析 206 条单元（见表 6.2）。

表 6.2　政策文本编码表

编号	对策项目	内容分析单元	编码
1	顺利实施儿童·育儿支援新制度	一、平成 27 年 4 月开始实行《儿童·育儿新制度》，推进幼儿教育、保育、儿童支援的"量的充实"和"质的向上"……	1-1-1
		二、届时，市町村应把握居民的需求，针对地方的情况，有计划地整备制度实行……	1-1-2
		三、为此需要确保至少 1 兆日元左右的财政来源，从消费税中确保 0.7 兆日元左右	1-1-3

(续表)

编号	对策项目	内容分析单元	编码
2	消除待机儿童	一、应对有就业意愿者的潜在保育需求。	2-1-1
		二、为支持边工作边育儿的家庭，从整备保育所开始，活用小规模保育、居家保育、事业所内保育……	2-1-2
		三、根据《加速消除待机儿童计划》，需要扩充约40万人次的保育承载量，同时确保必要的保育士	2-2
3	打破"小一壁垒"	一、实施《小学生学后综合计划》，打破双职工家庭等育儿家庭的"小一壁垒"。	3-1-1
		二、为了培养担当未来的人才，到平成31年年末，整备、扩充约30万人次的接收儿童数……	3-1-2
		三、此外，在所有小学校区（约2万所）一体化实施或联合实施学后儿童教室和学后儿童俱乐部	3-1-3
…	…	…	…
39	整备方便孕妇和带孩子的人外出的设施和环境	一、让带孩子外出成为障碍少、欢乐多的事，要求在车站或小商店等处设置服务提供点……	39-1-1
		二、与此相配合，要求公共交通部门采取照顾带孩子出行的家庭的措施，如优先乘车等。	39-1-2
		三、届时，应考虑多子家庭或多胎儿家庭在带孩子外出时的负担更重	39-1-3
40	企业实施少子化对策或工作生活兼顾支援政策"可视化"	一、为了推进与企业相关的培养下一代的支援政策，包括中小企业在内，督促其策定一般法人行动计划书……	40-1-1
		二、通过一般法人行动计划书的公示和企业的培养下一代支援行动的公示，促进企业施策的"可视化"。	40-1-2
		三、在现有认定制度的基础上，活用平成27年4月开始新增设的特例认定制度，促进企业进一步实施培养下一代支援	40-1-3
41	对企业参与执行少子化对策的奖励	一、根据《平等·兼顾推进企业表彰》（家庭友好企业部门表彰等）制度，对积极实施兼顾支援的企业进行表彰。	41-1
		二、对实施支援培养下一代政策的企业在税制上采取优待措施。	41-2
		三、为促进企业实施"工作和生活相协调"（工作·生活·平衡）等少子化对策，对投标手续	41-3

资料来源：由笔者对目标政策文本编码后整理编制，囿于篇幅，第4~38号对策项目在此省略。

三、政策工具分布分析

通过对目标政策文本进行编码,共抽取到 206 条内容分析单元。将其分别在 X、Y 两个维度上进行频数统计,其中 X 维度的政策工具共 206 项,Y 维度的政策工具共 194 项。具体来看,得到日本少子化对策的政策工具分布如表 6.3 所示。

表 6.3 各维度的政策分布

维度	政策工具类型	频数	百分比
X	供给型	61	29.6%
	需求型	49	23.8%
	环境型	96	46.6%
	合计	206	100%
Y	结婚	12	6.2%
	生育	52	26.8%
	育儿	130	67.0%
	合计	194	100%

从基本政策工具分类维度(X)来看,环境型政策工具最多,占 46.6%,供给型和需求型政策工具较少,分别占 29.6% 和 23.8%。可见,日本的少子化对策通过提供良好环境的努力,对目标人群乃至整个社会的影响较大,但在增强婚育意愿方面的推动作用和减少婚育障碍方面的拉动作用都略显不足。从生育行为全过程的维度(Y)来看,日本的少子化对策大部分集中于育儿方面,占 67.0%,针对生育的对策较少,占 26.8%,而针对结婚的对策严重不足,仅占 6.2%。可见,日本当前的少子化对策虽然已经经过了扩充和调整,但重点仍然向育儿支援一极集中,针对结婚的支援亟待加强政策引导。

为了进一步明确政策工具在生育行为全过程的各个环节中的配比,本文对 X 维度和 Y 维度进行交叉分析,得到的二维分布情况如图 6.4 所示。在育儿这一环节,仍然是环境型政策工具最多,供给型和需求型政策工具分别占环境型政策工具的一半左右。这说明日本的少子化对策十分注重创造有利于育儿的社会环境,但对于育儿支援的直接投入和拉动作用仍显得不足。在生育这一环节,各类型的政策工具配比较为平均,只有供给型政策工具相对较少。这说明日本的少子化对策在支持生育方面较好地平衡了减少生育障碍和提供良好生育环境的政策配比,只是直接增强生育意愿的推动作用尚显欠缺。在结婚这一环节，整个工具总量很少，因此本书不对此做政策配比的讨论。日本的少子化对策在各个政策工具类型层面都需要扩充和完善。

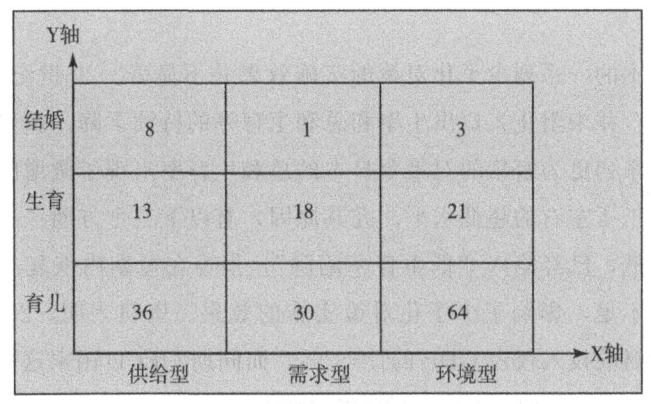

	供给型	需求型	环境型
结婚	8	1	3
生育	13	18	21
育儿	36	30	64

图 6.4　X 轴与 Y 轴的交叉分布

第四节　日本少子化对策的效果评价

本节主要从日本少子化对策对于提振生育率的作用和对策相关的日本舆情两方面对日本少子化对策的效果进行评价。

一、对策有效但作用受限

日本二十多年来的少子化对策虽然收效甚微，但并不能因此认为其是失败的。一系列的少子化对策延缓了日本生育水平下降的步伐，近几年总和生育率也出现了微增的趋势。目前国内学者对日本少子化对策的效果多持辩证的态度。梁颖（2014）认为日本政府在营造平衡工作和家庭的社会环境、促进女性就业等方面的政策措施取得了一定的效果，但没有扭转少子化进程。[1] 丁英顺（2019）指出尽管日本的低生育趋势没有停止，但总和生育率提高到了 1.43，说明其应对措施起到了缓解生育率下降的作用。[2] 换言之，如果日本没有采取这一系列的少子化对策，其生育水平可能会进一步降低，给人口结构造成不可挽回的影响。日

---

[1]　梁颖. 日本的少子化原因分析及其对策的衍变 [J]. 人口学刊，2014，36（2）：91-103.
[2]　丁英顺. 日本应对低生育政策再探讨 [J]. 东北亚学刊，2019（2）：133-143；152.

本很多学者的研究也都在一定程度上肯定了日本少子化对策的效果。阿部正浩（2005）的研究表明男女共同参加计划对出生率的增长具有正向影响。[①] 增田千人（2012）的研究表明保育所定员数的增加和劳动时间的缩短在一定程度上提升了生育水平。[②]

然而，日本的一系列少子化对策的实施效果并不显著。20世纪90年代的两项"天使计划"并未阻止人口出生率和总和生育率的持续下降。虽然"少子化对策元年"后一系列更为密集的对策令日本的总和生育率出现了微增的迹象，但近几年仍保持在1.4左右的超低水平。究其原因，有以下三个方面：一是日本的生育水平下降过低，已经陷入"低生育率陷阱"，很难在短期内恢复。二是日本政府的财政投入不足，影响了少子化对策实施的效果。资料表明，2009年日本政府面向家庭的财政投入仅占GDP的1.48%，而同期OECD国家这一比例的均值为2.6%；当年这一比例超过3%的OECD国家总和生育率基本都在1.8以上，相反，这一比例低于2%的OECD国家总和生育率无一例外地处于极低水平。[③] 第三，作为多党派的议会制国家，日本政党、首相更替频繁，在一定程度上降低了政策的连贯性，影响政策的实施效果。

值得关注的是，日本的总和生育率自2005年达到历史最低的1.26之后触底反弹，开始缓慢地回升。虽然近年来日本各年龄组育龄妇女已婚比例下降的趋势均已放缓，但婚姻状况对生育率仍存在消极作用。而近年来婚内生育率上升的积极作用抵消了这部分消极作用，促使日本的生育水平上升。这表明日本政府采取的一系列鼓励生育、降低育儿成本、支援育儿家庭的少子化对策起到了一定的积极作用，促进了婚内生育率的提升。

根据"生育率=已婚比例×婚内生育率"的关系，在已婚比例已经稳定在低位的情况下，日本政府"一边倒"的少子化对策在短期内的确起到了恢复生育率的效果。但是近年来日本女性的平均初婚年龄已上升到29.4岁，且由于初婚初育间隔时间的增长，平均婚内初育年龄已上升到31.8岁。由此可以判断，日本政府所采取的鼓励生育和支援育儿的少子化对策的主要目标人群是30～39岁的

---

① 阿部正浩. 男女共同参画，子育て支援が与える出生率への影响 [R]. 厚生劳动省科学研究政策科学推进研究事业报告书，2005：250-255.

② 增田干人. マクロ经济モデルによる家族・劳働政策が出生率に及ぼす效果の分析 [J]. 人口问题研究，2012 (3)：14-33.

③ 高桥重郷，大渊宽. 人口减少と少子化对策 [M]. 东京：原书房，2015：12-19.

较高年龄组育龄妇女。这部分人群的婚内生育率虽然呈上升的趋势，但这种上升只是稳定在低位的缓慢上升，且近年来这种趋势似乎已经趋于停滞，甚至开始下降。加之该年龄组育龄妇女的已婚比例很难有上升空间，因此仅靠现行的少子化对策，对生育水平提高的积极作用恐怕难以为继，安倍政府2025年前后将总和生育率提高到1.8的政策目标恐怕也难以实现。

二、对策供给"质"和"量"均不足

2018年年末，日本内阁府儿童·育儿本部曾通过互联网，以20~59岁人口为对象，在全国范围内开展"关于少子化社会对策的意识调查"，其中的一些调查结果可以直观地反映日本民众对少子化对策的评价。

图6.5反映了日本民众对于现行少子化对策的"质"和"量"的整体评价。从整体来看，认为少子化对策"质优量足"的仅占4％，认为"质"和"量"都不足的占60％以上，此外还有23.1％的回答者对少子化对策"不清楚"。可见，日本民众对少子化对策的整体评价较低，且知悉度不足。从婚姻状况和有无子女的情况来看，未婚者对少子化对策的评价略高，但知悉度最低；已婚有子女者对少子化对策的知悉度最高，但整体评价最低。从性别来看，无论哪种状态的男性对少子化对策的评价和知悉度都略高于女性。

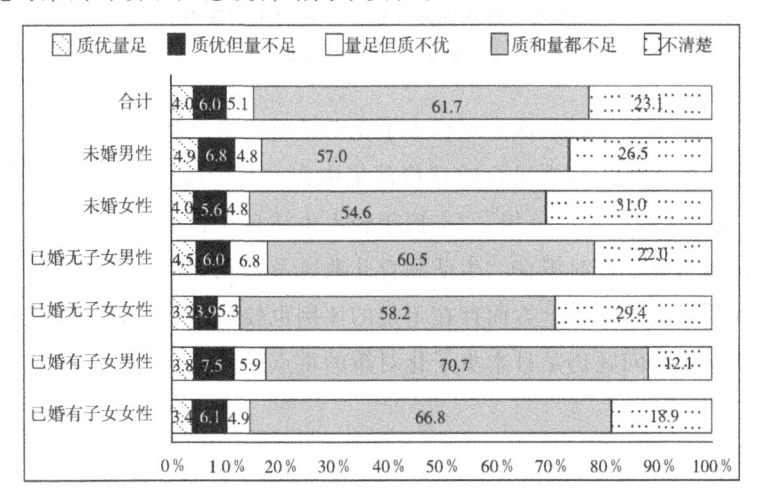

	质优量足	质优但量不足	量足但质不优	质和量都不足	不清楚
合计	4.0	6.0	5.1	61.7	23.1
未婚男性	4.9	6.8	4.8	57.0	26.5
未婚女性	4.0	5.6	4.8	54.6	31.0
已婚无子女男性	4.5	6.0	6.8	60.5	22.1
已婚无子女女性	3.2	3.9	5.3	58.2	29.4
已婚有子女男性	3.8	7.5	5.9	70.7	12.1
已婚有子女女性	3.4	6.1	4.9	66.8	18.9

图6.5 日本民众对少子化对策的整体评价

（资料来源：日本内阁府"关于少子化社会对策的意识调查"资料。）

图6.6反映了日本民众对少子化对策进行评价的理由。其中，排在前两位的

理由是"国家、自治体的措施和支援不足"和"不清楚政府和自治体的对策效果",回答的比例分别占56.3%和45.5%。可见,日本少子化对策的满意度和知悉度都较低。此外,也有较高的比例选择"有关结婚、育儿的消极话题多见""民间企业的措施和支援不足""地方的措施和支援不足""工作单位的措施和支援不足"这四个选项。与此相对的,日本民众评价少子化对策的正面理由的比例都很低。

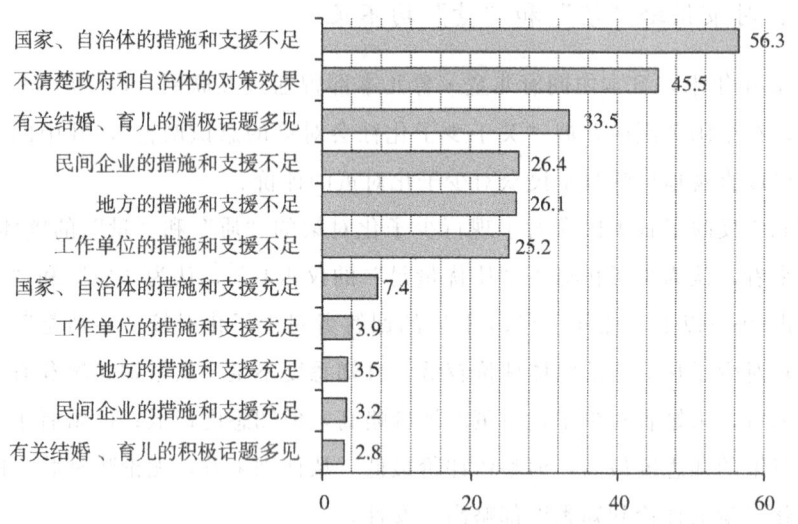

图 6.6 日本民众评价少子化对策的理由

(资料来源:同图 6.5)

图 6.7 反映了日本民众认为现行少子化对策的不足之处。无论是"质"的不足还是"量"的不足,日本民众的评价都集中在"减少待机儿童""减轻教育费用负担""减轻结婚的经济负担""支援年轻人生活自立和工作的措施"这四个选项。此外,认为少子化对策在"生活和育儿兼顾及育儿女性再就业支援"和"改革工作方式的措施"这两个方面存在不足的比例也较高。可见,经济支援和解决工作和生活兼顾的问题仍是日本少子化对策的重点课题。

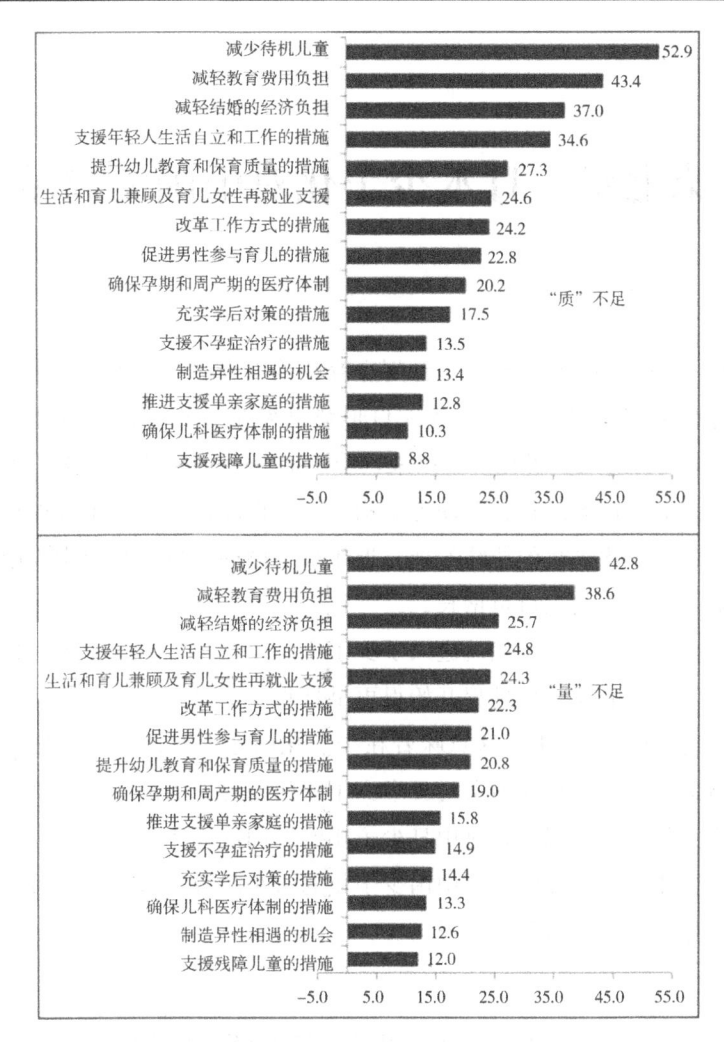

图 6.7 日本民众认为少子化对策的不足之处

（资料来源：同图 6.5）

关于现行的少子化对策中政府的支出是否足够的问题，仅有12.5％的被调查者认为足够，而超过半数的被调查者认为政府投入不足。关于日本能否实现"对结婚、怀孕、儿童和育儿温和的社会"，大部分被调查者持消极的态度。具体而言，仅有8.5％的被调查者认为可以实现，有36.7％的被调查者认为"有可能实现"，有36.4％的被调查者认为"可能无法实现"，有18.4％的被调查者认为"无法实现"。总体而言，日本民众对现行少子化对策的评价较低，这也符合近年来日本生育率回升乏力的客观现状。

第七章 日本少子化对中国的启示

中国自20世纪70年代初实施计划生育政策以来已走过了近半个世纪。相比于计划生育政策实施之初，中国的人口形势已发生了根本性的变化。特别是自20世纪90年代初进入少子化阶段以来，中国的生育水平持续低迷，人口结构问题日益凸显，对人口老龄化、劳动力结构、社会保障体系等各个方面产生了巨大的影响。随着少子化进程的持续发展，近年来中国的人口增长速率大幅放缓，即将迎来峰值，进而开始人口负增长。

日本早在20世纪70年代就进入了少子化阶段。中日两国的少子化进程具有相似之处，但日本的少子化进程开始得更早且程度更深，日本政府开始实施少子化对策已有近30年的历史，这意味着在少子化问题上对两国进行比较研究，对中国具有借鉴意义。本章在前文对日本少子化问题各方面的研究基础上，立足于中国少子化进程的发展现状，对中日少子化的异同展开比较分析，并结合其他国家或地区少子化发展的经验，对中国少子化的未来趋势进行预测，旨在为中国未来应对少子化问题提供借鉴和参考。

第一节 中国少子化进程和现状

根据少子化的定义，总和生育率是判断少子化程度最直接的标准。但由于统计资料的缺失，中国缺乏长期、准确的总和生育率数据。普遍认为历次人口普查所反映的总和生育率较实际情况低，而国内学界对中国总和生育率的实际水平如何尚存在争议。综合多方面的数据资料可以判断，中国早已进入了少子化阶段，而且极有可能已经处于严重少子化阶段。从人口出生率、少年儿童人口系数等少子化的其他判定标准来考察中国的少子化，也可以佐证这一判断。

一、中国总和生育率的变动

综合中国的各项人口数据来考察，中国大致在20世纪90年代开始进入少子化阶段，目前处于严重少子化的程度，但尚未陷入"低生育率陷阱"。长期以来，中国的总和生育率究竟是多少，一直是学界关注和争论的焦点之一。中国至今仍没有一套关于总和生育率的公认质量可靠的或只需要较小的调整修正即可使用的调查数据。官方公布的其他涉及出生和生育信息的统计数据的质量也都无法得到学界一致性的认可。学者只能采用不同的方法去论证哪套数据最接近中国总和生育率的真实情况，或通过调整修正对总和生育率进行重新估计。但学者的判断和估计不尽相同，始终无法达成共识，以至于中国的总和生育率"成谜"。因此，本研究无意研判中国的总和生育率究竟是多少，也无意讨论不同数据资料质量的优劣和不同学者研究成果的正误，只是希望通过综合多方信息，对中国的少子化进程和现状进行说明和判断。

仅从历次人口普查和抽样调查的数据来看中国总和生育率的变化情况，1982年千分之一人口生育率抽样调查为2.63，1987年全国1‰人口抽样调查为2.36，1990年第四次人口普查为2.33，1995年全国1％人口抽样调查为1.46，2000年第五次人口普查为1.22，2005年全国1％人口抽样调查为1.33，2010年第六次人口普查为1.18，2015年全国1％人口抽样调查为1.05。

总和生育率在短短五年之间从1990年的2.33骤降至1995年的1.46，进而继续迅速下降至更低的水平，这显然是有违常理的。学界也普遍认为第四次人口普查之后的普查和抽样调查中瞒报、漏报的问题严重，这与20世纪90年代初开始一孩政策变得空前严格不无关系。但是从历次人口普查和抽样调查所反映的情况来看，可以肯定到1990年为止，中国的总和生育率尚处于人口更替水平之上。因此，掌握20世纪90年代和21世纪以来总和生育率的变动情况，对于分析中国少子化的进程和现状至关重要。

关于20世纪90年代中国的总和生育率，本研究整理了国内部分学者研究中的估算值，并与联合国经济与社会事务部人口司出版的《世界人口展望2019》（World Population Prospect 2019，WPP2019）中公布的数据进行比较（见表7.1）。可以看出，学者普遍认为中国的总和生育率在20世纪90年代初下降到了人口更替水平以下，并在其后3～6年的时间内进一步下降至1.8以下，进入了严重少子化阶段。这样的判断与WPP2019中公布的数据较为接近。

表7.1　20世纪90年代中国的总和生育率

年份	乔晓春（1999）	于学军 杨书章（2000）	王金营（2003）	于学军 王广州（2004）	郭志刚（2004）	翟振武 陈卫（2007）	路遇 翟振武（2009）	WPP 2019（2019）
1991	2.16	2.03	2.21	2.14	1.84	2.24	2.21	2.14
1992	2.00	1.82	1.96	1.86	1.85	2.05	2.00	1.98
1993	1.98	1.81	1.80	1.80	1.69	1.94	1.81	1.84
1994	1.94	1.81	1.77	1.79	1.59	1.82	1.80	1.73
1995	1.87	1.78	1.73	1.78	1.90	1.86	1.72	1.66
1996	1.86	1.80	1.75	1.78	1.66	1.77	1.72	1.62
1997	1.82	1.82	1.75	1.82	1.47	1.73	1.68	1.61
1998	1.76	1.85	1.75	1.83	1.56	1.70	1.63	1.60
1999			1.72	1.75	1.58	1.69	1.60	1.60

资料来源：引自各学者的论文、著作和联合国《世界人口展望2019》。

根据表7.1可以判断，中国是在20世纪90年代初正式开始少子化的进程。至于中国的少子化现状如何，进展到了哪一阶段，则需要聚焦21世纪以来，特别是近年来总和生育率的变动情况。因此，本研究整理了部分学者关于21世纪以来中国总和生育率真实水平的研究，并与WPP2019中联合国公布的数据进行比较（见表7.2）。可以看出，学者普遍认为近年来中国的总和生育率在1.5～1.7之间波动。WPP2019的数据也显示近年来中国的总和生育率在1.6～1.7之间。因此，可以判断中国目前仍处于严重少子化阶段，总和生育率并没有进一步下降至"低生育率陷阱"的超少子化水平。

表7.2　近年来中国的总和生育率

年份	赵梦晗（2015）	翟振武等（2015）	陈卫（2016）	贺丹等（2018）	朱宝生 乔晓春（2019）	顾宝昌等（2020）	WPP2019
2005	1.58				1.76		1.61
2006	1.53			1.62	1.74		1.62
2007	1.52			1.69	1.72		1.62

（续表）

年份	赵梦晗（2015）	翟振武等（2015）	陈卫（2016）	贺丹等（2018）	朱宝生乔晓春（2019）	顾宝昌等（2020）	WPP2019
2008	1.53	1.66	1.66	1.71	1.71		1.62
2009	1.51	1.63	1.65	1.68	1.67	1.70	1.62
2010	1.49	1.58	1.62	1.64	1.58		1.63
2011		1.60	1.57	1.61	1.46		1.63
2012		1.55	1.60	1.78	1.49		1.64
2013			1.61	1.55	1.50		1.65
2014			1.65	1.67	1.54	1.60	1.66
2015				1.41	1.54		1.67
2016				1.77	1.65		1.68
2017							1.68

资料来源：引自各学者的论文和联合国《世界人口展望2019》。

二、中国人口出生率的变动

人口出生率也是衡量少子化的重要人口学指标之一。从人口出生率的变化来看，在中华人民共和国成立之初也经历了一段生育高峰期。除1959—1961年的三年困难时期，中国在1950—1969年的二十年间年均出生2 300万人以上，人口出生率保持在34‰以上，总和生育率也维持在6左右的高水平。特别是1963年，作为困难时期过后的补偿性生育，当年出生人口近3 000万人，人口出生率高达43.6‰，创下了中华人民共和国历史上的生育水平峰值。进入20世纪70年代，中国开始实行"晚、稀、少"的生育政策，再加上工业化建设的发展，促使人口出生率迅速下降。1979年，人口出生率降至17.8‰，在十年内下降幅度达50％。

进入20世纪80年代，中国开始全面实行严格的计划生育政策，人口出生率出现了一定波动。例如，1986—1990年期间出现了短暂的相对生育高峰期，年均出生人口在2 400万以上。这次生育高峰可以视为20世纪60年代生育高峰期出生人口在这一时期集中进入婚育期的结果。此后，无论是人口出生率还是年出生人口数，都开始持续下降。从人口出生率来看，1999年跌破15‰，中国开始进入少子化阶段。三年后的 2002 年人口出生率进一步跌破 13‰，进入了严重少子化阶段。之后的十余年间，中国的人口出生率趋于平稳，一直保持在 12‰ 左右的水平。2014 年中国开始实行"单独二孩"政策，进而在 2015 年开放"全面二孩"，人口出生率随之在 2016 年回升至 13‰。

但是人口出生率回升的势头并没有持续下去，2018 年又出现了明显的下降，降至 10.9‰，2019 年降至 10.5‰，已经达到了超少子化的水平。这一次人口出生率的下降是偶然现象还是中国少子化进一步深化的征兆，值得我们重点关注。因为在调整计划生育政策之后，中国的政策生育率已接近人口更替水平。人口出生率却在短暂微弱回升之后进一步下降，说明中国的生育水平已经由"政策性低生育"转为"内生性低生育"。[①] 如果无法阻止人口出生率的进一步下降，中国将彻底步日本后尘，陷入超少子化的困境。

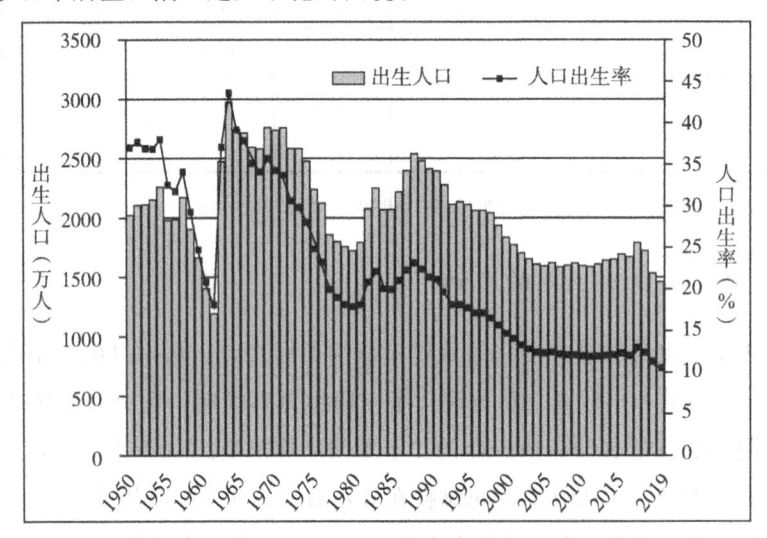

图 7.1　中国出生人口和人口出生率的变动

资料来源：人口出生率数据来自中华人民共和国国家统计局年度数据；年度出生人口数据由人口出生率乘国家统计局年度数据中的当年年末总人口和上一年年末总人口的均值求出。

三、中国人口年龄结构的变动

生育水平的长期下降会改变人口的年龄结构，降低少年儿童人口系数，加剧老龄化程度。本部分从人口年龄结构的变动考察中国少子化的进程和现状。

---

① 穆光宗. 从"政策性低生育"进入"内生性低生育"[N]. 北京日报，2019-10-28（014）.

中华人民共和国成立后相当长的时期内都保持较为年轻的人口年龄结构，少年儿童人口的比重很大，老年人口比重很小。特别是1964年的第二次人口普查资料显示，中国的少年儿童人口系数一度高达40％以上，65岁及以上的老年人仅占总人口的3.6％。此后，随着生育水平的迅速降低，中国的少年儿童人口系数逐渐下降。

21世纪之初，中国65岁及以上老年人口的比重达到7％，进入了老龄化社会。而中国的少年儿童人口系数紧随其后在2006年下降到了20％以下(19.8％)，达到了少子化的标准，进而在2010年降至18％以下(16.6％)，达到了严重少子化程度，之后下降的速度放缓，一直维持在16％以上。从少年儿童人口系数考察中国的少子化进程，相较人口出生率和总和生育率也存在一定滞后情况，其原因与日本相似，是人口惯性和生育高峰期出生人口共同作用的结果。

表7.3 中国人口年龄结构的变化

年份	0～14岁 人数（万人）	比例（％）	15～64岁 人数（万人）	比例（％）	65岁以上 人数（万人）	比例（％）
1953	21 016	36.3	34 332	59.3	2 547	4.4
1964	28 693	40.7	39 338	55.8	2 538	3.6
1982	34 156	33.6	62 517	61.5	4 981	4.9
1987	31 347	28.7	71 985	65.9	5 968	5.5
1990	31 659	27.7	76 306	66.7	6 368	5.6
1995	32 218	26.6	81 393	67.2	7 510	6.2
2000	29 012	22.9	88 910	70.1	8 821	7.0
2005	26 504	20.3	94 197	72.0	10 055	7.7
2010	22 259	16.6	99 938	74.5	11 894	8.9
2015	22 715	16.5	100 361	73.0	14 386	10.5
2018	23 523	16.9	99 357	71.2	16 658	11.9

资料来源：1953年、1964年、1982年数据来自人口普查资料，1987年数据来自人口抽样调查资料，1990年及之后的数据根据国家统计局年度数据整理计算得出。

2010年开始，中国65岁及以上老年人口的比重仍在不断上升，但少年儿童人口系数趋于平稳，并从2014年开始出现了小幅回升。截至2018年，中国的少年儿童人口系数回升至16.9％，仍处于严重少子化阶段。虽然目前中国的老年人口比例还未超过少年儿童人口比例，且存在一定的差距，但随着20世纪五六十年代生育高峰期的出生人口逐步步入老年，加上长期低生育率的影响，未来几十年内中国的老年人口将迅速膨胀，并超过少年儿童人口。此外，中国劳动年龄人口的比重在2010年达到峰值74.5%之后开始下降，劳动年龄人口数也在2014年出现了首次绝对减少。这意味着中国的人口红利趋于消失，少子化和老龄化相叠加的负面影响将日益显现。

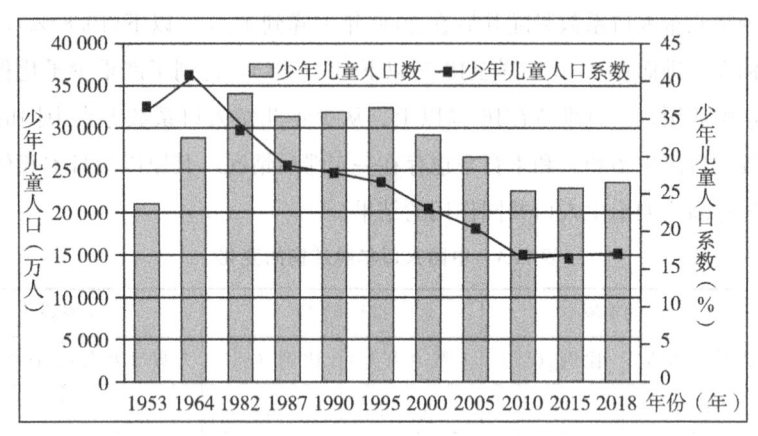

图 7.2 中国少年儿童人口的变化

（资料来源：同表 7.3。）

第二节 中国少子化的未来趋势

通过前述研究可以判断，中国开始少子化进程已有20多年，目前处于严重少子化阶段，且很有可能进一步加深至超少子化阶段。为遏制少子化进程，避免生育水平进一步下降至"低生育率陷阱"，把握少子化的未来趋势对中国至关重要。本节参考其他少子化国家的历史数据，对中国未来的出生数据采取高、中、低三种方案进行中期人口预测，旨在为分析中国少子化的未来趋势提供数据支撑。

一、预测方法及参数设置

（一）预测方法

本研究采取队列要素法对中国少子化的发展进行中期场景预测，对未来中国生育水平的走向设置高、中、低三种方案。预测使用 PADIS-INT 软件（1.7.0 版本）进行。PADIS-INT 软件是在联合国人口司的指导和联合国人口基金的支持下，由中国人口发展与研究中心和神州数码信息系统有限公司共同开发的通用人口预测软件，具有功能强大、输入灵活、输出丰富等特点。

（二）预测参数设置

1. 起止年份：2015—2050 年。2015 年全国 1 ‰人口抽样调查数据是目前可获得的最近的中国官方人口数据，故起始年份设定为 2015 年；出于生育水平变化的参考数据的可获得性和预测的准确性，将终止年份设定为 2050 年，未做更长期的预测。

2. 模型生命表：寇尔-德曼模型生命表中的西区模式。寇尔-德曼模型生命表的西区模式，依据的实际生命表数量最大、地理范围最广泛，具有广泛的代表性，被认为是最通用的死亡模式。[①]

3. 起始人口：根据 2015 年全国 1 ‰人口抽样调查数据推算的各年龄、性别人口，开口年龄为 100 岁。

4. 总和生育率：2016 年数据采用联合国人口司公布的 1.68，其后设置高、中、低三个方案（见图 7.3）。具体的设置方法：首先，查询《世界人口展望 2019》中各国总和生育率的历史数据，选取其中总和生育率下降至 1.68 及以下超过 34 年（剩余的预测年份 2017—2050 年共 34 年）的国家，共筛得 21 个国家。其次，观察这些国家总和生育率下降至 1.68 之后的走向，可以大致分为三类。第一类是总和生育率下降至 1.68 之后出现回升的国家，共有 5 个，分别是丹麦、芬兰、挪威、瑞典和比利时；第二类是总和生育率下降至 1.68 之后维持在严重少子化程度但未跌破 1.5 的国家，共有 6 个，分别是瑞士、古巴、加拿大、斯洛文尼亚、卢森堡和荷兰；第三类是总和生育率下降至 1.68 之后继续下降至超少子化程度的国家，共 10 个，分别是克罗地亚、奥地利、意大利、日本、德国、西班牙、葡萄牙、希腊、新加坡和韩国。最后，将这三类国家总和生育率下降至 1.68 之后 34 年间总和生育率的实际变化取均值，分别作为高、中、低三个方案的参数。从图 7.3 可以看出，高方案的总和生育率在波动中缓慢回升，最终达到了 1.8 以上；中方案的总和生育率先小幅下降后略有回升，最终稳定在

---

① 于昊淼，郑筠，修金月. 基于 PADIS-INT 的湖南省人口预测研究 [J]. 现代商业，2014（13）：82-84.

1.6左右；低方案的总和生育率则逐渐下降至1.3左右。低方案的总和生育率与日本少子化进程中总和生育率的实际变动情况高度吻合。

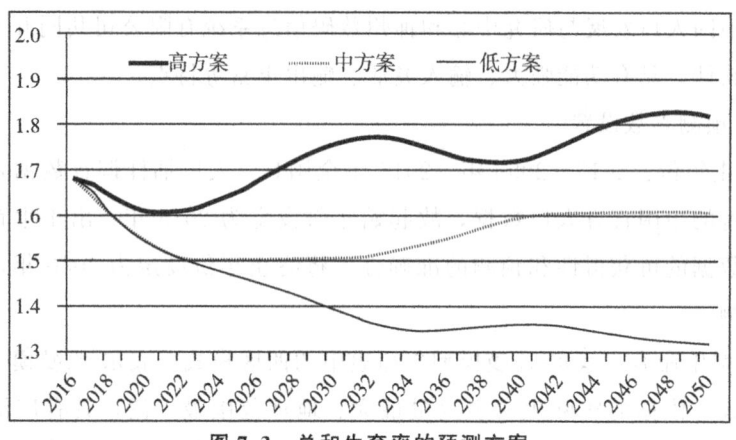

图7.3 总和生育率的预测方案

5. 迁移水平、预期寿命、出生性别比：均使用PADIS-INT内置的世界人口展望（WPP2017版）中国默认数据。

二、预测结果

（一）人口规模和人口增长

根据本研究的预测，中国的人口规模在未来几年内仍将继续增长，但即将迎来峰值。在总和生育率的中方案预测中，中国总人口的峰值将出现在2026年，为14.14亿；高方案的人口峰值为14.23亿，出现在2028年；低方案的人口峰值为14.13亿，出现在2025年。三个方案的人口峰值和出现的年份差别很小，可见无论从哪个方案来看，中国的总人口都将在未来10年内达到峰值，随后开始人口绝对规模的负增长。

随着生育水平逐渐拉开差距，到2050年，三个方案预测的人口规模的差别将明显增大。预测2050中国的总人口高方案为13.43亿人、中方案为12.99亿人、低方案为12.63亿人，高低之间相差了8 000多万人。因此，为避免人口规模过快地缩减，实现向适度人口的平稳过渡，必须阻止生育水平的进一步下降。

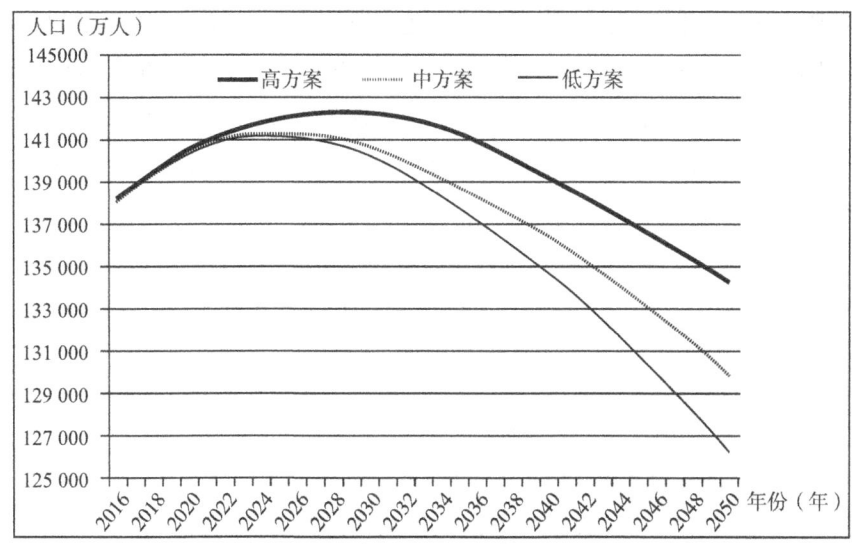

图 7.4 中国人口规模的未来趋势（万人）

（二）人口出生率和出生人数

从图 7.5 可以看出，无论根据哪个预测方案，未来中国的人口出生率都将在 15 年左右的时间内继续下降，相继跌破 11‰，达到超少子化水平。根据低方案，中国的人口出生率将在 2032 年下降到 7‰以下，之后稳定在 7‰左右；根据中方案，人口出生率将在 2030 年下降到 8‰以下，之后在这一水平小幅波动并再次趋近 8‰；根据高方案，人口出生率将在 2037 年下降至 8.6‰，之后开始缓慢回升，到 2050 年将回升到 9.5‰左右。如果中国的人口出生率在未来按照低方案预测的情况变动，那么到本世纪中叶，中国的人口出生率将比目前的日本更低。

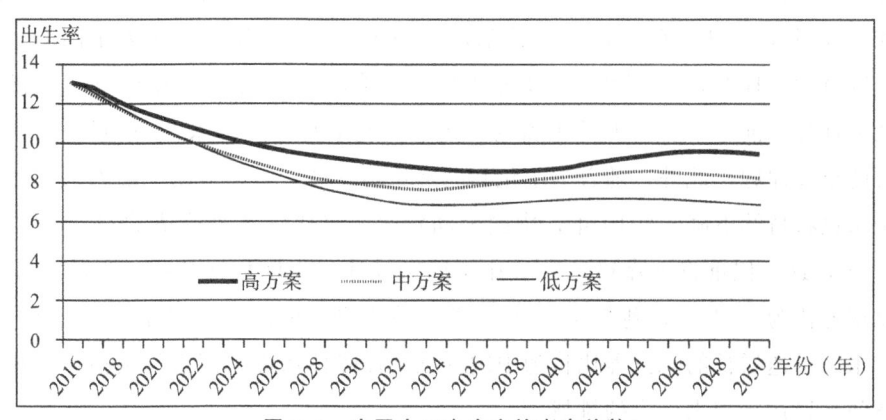

图 7.5 中国人口出生率的未来趋势

根据三个方案中人口出生率不同的变化情况，未来中国出生人口的规模也将出现很大的变化。如图7.6所示，到21世纪中叶，中方案的出生人口将下降至1 075万人，高方案尚能维持年均1 300万左右的出生人口规模，但低方案的出生人口规模将急剧缩减至900万以下，到2050年仅有876万人，仅为现在出生人口规模的一半左右。

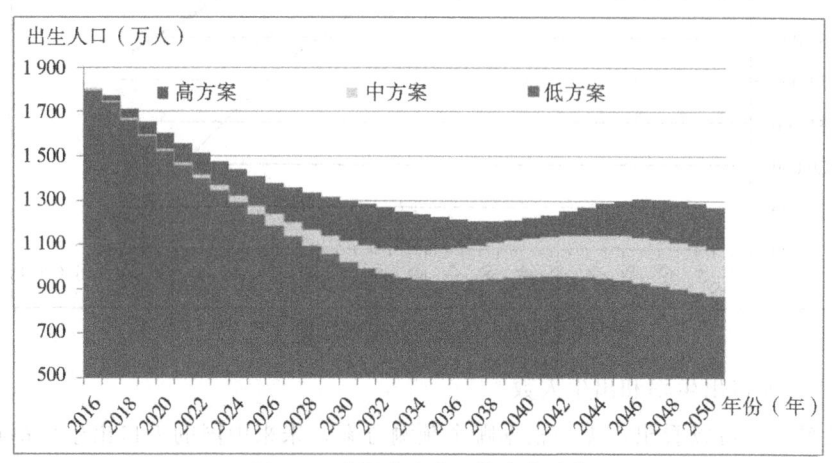

图7.6　中国出生人口的未来趋势

（三）少年儿童人口系数和人口年龄结构

人口年龄结构的变化情况在中短期内根据不同的预测方案产生的差距很小，因此本部分研究仅选取中方案的预测结果进行说明。

根据中方案的预测，中国的少年儿童人口系数（见图7.7中0～14岁人口占比部分）将会继续降低，在2030年下降到15％以下，达到超少子化的标准，进而在2037年进一步下降至12％，之后趋于稳定。与此相对的，未来中国的老龄化程度将大幅提升，65岁及以上老年人口的比重在2050年将上升至29％，进入超老龄社会。前所未有的少子化和老龄化的严峻形势将是未来30年间中国亟须应对的重要课题。此外，随着少子化和老龄化的发展，中国劳动年龄人口的比重在未来也将持续下降。2010年，中国劳动年龄人口比重达到峰值的74.5％，到2050年，这一比重将下降到59％。中国国家统计局年度数据显示，2018年中国的总抚养比为40.4％，到2050年总抚养比将上升至69.5％，增长近30个百分点。未来迅速增长的总抚养比将为中国的社会保障体系带来沉重的负担，为社会经济的平稳运行带来巨大的挑战。

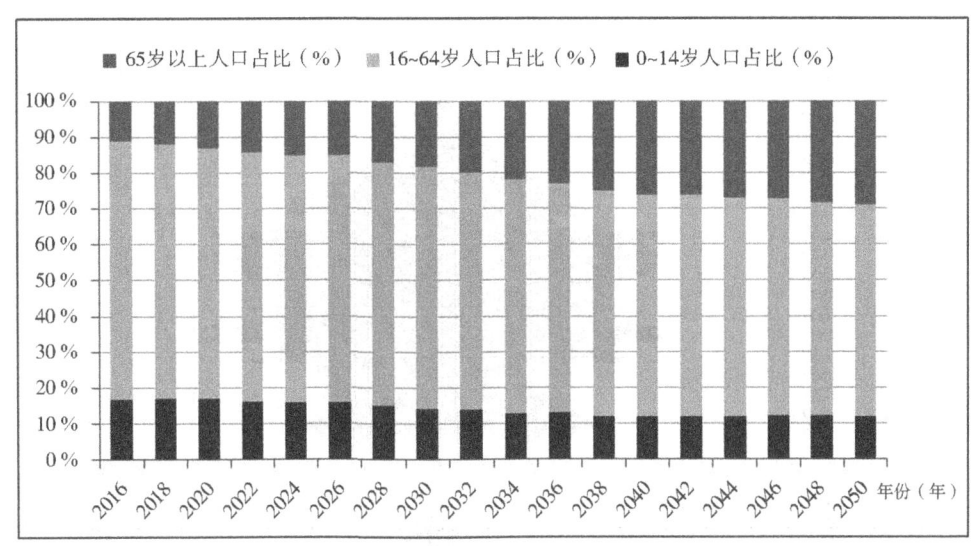

图 7.7　中国人口年龄结构的未来趋势

人口金字塔的变化也能够直观地反映中国人口年龄结构在未来将出现的变化（见图 7.8）。在 2015 年的人口金字塔中，金字塔的底部已经明显出现缩小的趋势，到 2050 年，这种趋势变得愈发明显，金字塔在 65 岁以下呈倒锥形分布，同时金字塔的顶部迅速膨胀。此外，观察人口金字塔中部的变化可以看出，未来中国的劳动年龄人口不仅占总人口的比重会大幅下降，同时也会出现劳动力内部老化的情况。

图 7.8　中国人口金字塔的变化

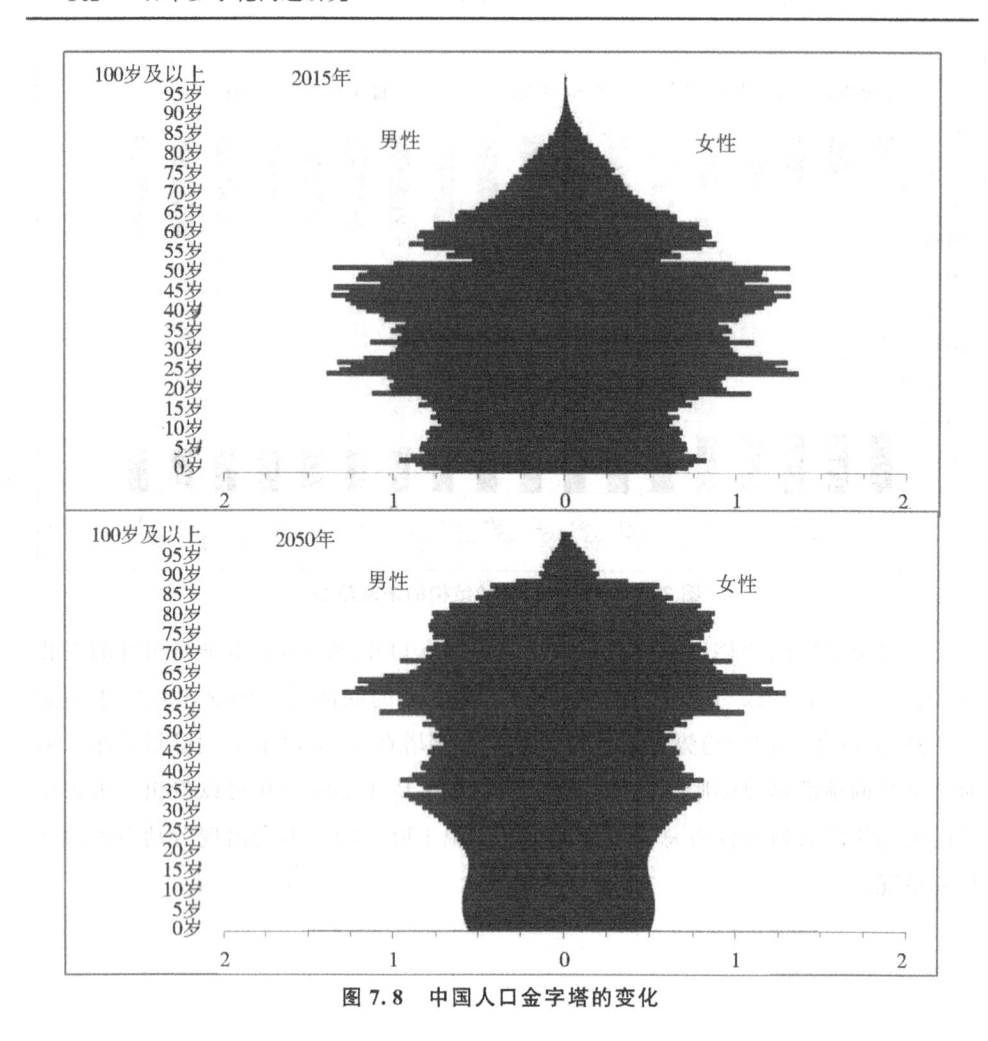

第三节　少子化的中日比较及经验借鉴

　　研究外国的人口社会现象，最终目的是为中国解决相似问题提供经验借鉴。本节对中日少子化的进程现状、成因、政策应对等问题进行比较分析，明确二者的异同，在此基础上阐述中国在应对少子化问题上借鉴日本经验的可行性和规避日本失误的必要性。

一、中日少子化的相似之处

（一）人口转变剧烈，生育水平迅速下降

对比中日少子化的进程可以发现，两国生育水平下降的过程有着诸多相似之处。首先，与欧美国家经历了较长时期、较为缓慢的人口转变过程不同，中日两国都经历了十分剧烈的人口转变过程，生育水平下降的速度极快。有研究表明，率先完成人口转变的24个欧美国家，其人口出生率下降50％的过程平均用时75年。[1] 而中日两国都是在短短的15年就完成了这一过程，两国在"二战"后都出现了生育高峰期，之后生育水平就开始迅速下降。日本的人口出生率从1947年的34.3‰下降到1962年的17.0‰，中国的人口出生率从20世纪60年代初接近40‰下降到1977年的19‰。

此外，无论从哪个指标来考察，中日两国在进入少子化阶段后，少子化程度都迅速加深。从人口出生率的变化来看，两国由少子化开端到进入严重少子化阶段都仅用了3年；从总和生育率的变化来看，由少子化开端到进入严重少子化阶段，日本用了3年，中国用了3~6年；从少年儿童人口系数的变化来看，由少子化开端到进入严重少子化阶段，日本用了3年，中国用了4年。

（二）经济决定、文化影响、政策作用

首先，工业化、城市化和经济的高速发展是中日两国少子化的深层原因。日本战后经济的高速发展，中国改革开放以来的经济腾飞，极大地提高了两国人民的生活水平，深刻地影响了两国人民的生活方式和婚育观念，是导致两国生育水平下降内在的、根本的原因。

其次，中日两国同处东亚文化圈，都受到儒家文化的影响，婚外生育的比例极低，无法像欧美国家那样依靠婚外生育来弥补晚婚化、非婚化对生育水平下降产生的影响。而且两国有着相似的育儿观，对子女极为负责，育儿成本巨大，这也是造成两国少子化的原因之一。

最后，中日两国少子化的背后都有政策因素的影响。中国自20世纪70年代就明确了"限制人口的数量，提高人口的素质，使人口的增长同经济和社会发展计划相适应"的人口政策，20世纪80年代开始计划生育政策逐步成型。中国的

---

[1] REHER D. The demographic transition revisited as a global process [J]. Population, Space & Place, 2004, 10（1）：19-41.

计划生育政策从生育率层面直接作用于人口，加速了少子化的进程。日本虽然没有像中国一样明确地执行计划生育政策，但日本政府在战后颁布了《优生保护法》，致使人工流产量剧增，客观上加速了生育率的下降。此后，由于误判人口形势，日本政府在20世纪70年代中期提出"以静止人口为目标，采取有效措施控制人口增长"[①]的人口政策，导致少子化程度迅速深化。

（三）政策应对滞后且效果不佳

相对于少子化问题的发生和发展，中日两国采取措施开展政策应对的时间点都略显滞后，且采取的少子化对策效果不佳。日本早在1974年就正式进入了少子化阶段，而日本政府正式开启少子化对策的讨论是在1990年，出台第一项少子化对策是在1994年，滞后了20年的时间。中国在20世纪90年代初开始了少子化进程，而中国政府开始调整生育政策是在2014年，同样滞后了20年左右。

日本自1994年开始实施少子化对策以来，生育水平继续下降，总和生育率一度下降至1.26的超低水平，至今仍处于超少子化阶段，其少子化对策直观上来看效果不佳。自2014年1月起，"单独二孩"政策开始在中国各省、市、自治区实施，截至同年6月，政策已覆盖29个省级行政单位（西藏在同年11月开始实施"单独二孩"政策，新疆维吾尔自治区的生育政策原本就较为宽松，无需政策调整）。但是截至2015年11月底，全国仅有191万人申请了再生育，仅占政策目标人群的17%左右。[②] 2015年10月"全面二孩"政策开始实施以来，人口出生率在2016、2017两年出现了微弱的回升，但随后再次下降，一举跌破了11‰的超少子化标准。"单独二孩"和"全面二孩"政策"遇冷"，释放的生育势能极为有限。当然，中国刚刚开始生育政策的调整，尚未形成政策体系，后续的政策效果还有待观察。

二、中日少子化的相异之处

（一）日本比中国"早""急""深"

"早"是指日本的少子化进程开始得比中国早；"急"是指日本少子化程度加深的速度比中国快；"深"是指日本的少子化程度比中国深。两国少子化进程具体时间点的对比见表7.4。

---

① 青木尚雄.第1回日本人口会议的概要[J].人口问题研究，1974（10）：44-45.
② 原新.我国生育政策演进与人口均衡发展：从独生子女政策到全面二孩政策的思考[J].人口学刊，2016，38（5）：5-14.

表 7.4 中日少子化进程的时间对比

	总和生育率		人口出生率		少年儿童人口系数	
	日本	中国	日本	中国	日本	中国
少子化	1974年	1990年代初	1978年	1999年	1988年	2006年
严重少子化	1977年	1990年代中后期	1981年	2002年	1991年	2010年
超少子化	1992年	2023年*	1988年	2018年	1999年	2027年*

资料来源：根据中日两国相关人口数据整理，*为本研究中方案预测结果，其余为实际年份。

从表7.4可以看出，无论从哪项指标来考察，中国的少子化进程都比日本晚近20年时间。从人口出生率来看，中国比日本晚19年进入少子化阶段；从总和生育率来看，中国比日本晚近20年进入少子化阶段；从少年儿童人口系数来看，中国比日本晚18年进入少子化阶段。日本在进入少子化阶段后少子化程度迅速加深，其进入严重少子化和超少子化阶段所用的时间，从总和生育率来看分别是3年和15年，从人口出生率来看分别是3年和7年，从少年儿童人口系数来看分别是3年和8年。中国经历同样的过程，从总和生育率来看大致用了3~6年和23~25年（预测），从人口出生率来看分别用了3年和16年，从少年儿童人口系数来看分别用了4年和17年。无论从哪个指标来看，日本少子化程度加深的速度都要快于中国，尤其是从严重少子化向超少子化过渡的速度，比中国快10年左右。

目前日本已陷入超少子化困境多年，但中国尚处于严重少子化阶段，并没有完全陷入超少子化。从人口出生率来看，日本2016年是8‰以下的极低水平，而中国的人口出生率最低点也维持在10‰以上。从总和生育率来看，日本曾一度跌至1.26的最低水平，虽然之后出现了微增的趋势，2017年的总和生育率也仅有1.43；中国的总和生育率目前处于1.6~1.7。从少年儿童人口系数来看，日本在2015年达到不足13%的超低水平，且老年人口比例是少年儿童人口比例的两倍以上；中国的少年儿童人口系数近几年稳定在16%以上，但少年儿童人口比例与老年人口比例有拉近的趋势。

（二）中国的少子化受政策影响更明显

日本在正式进入少子化阶段之前，经历了长达18年的少子化预兆期，而中国生育水平下降的过程中没有出现类似的时期。这是因为日本生育水平下降的过程受到人口政策的影响较小,更没有直接受到生育政策的干预,其下降的过程是一个内生的、更为匀速的过程。在这个过程中,第二次婴儿潮的影响和波及暂时拉高了日本短期内的生育水平,导致少子化预兆期的出现。

而中国的生育水平从20世纪60年初的生育高峰到20世纪90年代初进入少子化阶段的下降过程中,计划生育政策的影响十分显著。特别是"八五"时期(1990—1995年)开始采取严格的一胎化政策时,全国的平均政策生育率据推算仅有1.465,远远低于实际的生育水平,对于加快少子化阶段的到来产生了直接的影响。[1]

(三) 婚姻和生育的作用方式不同

自日本进入少子化阶段以来,20~29岁较低年龄组育龄妇女的婚内生育率在较高的水平波动,并未出现明显的下降,而该年龄组已婚比例的持续下降导致其生育水平下降。30~39岁较高年龄组育龄妇女前期已婚比例上升,婚内生育率下降,婚内生育率的作用强度高于已婚比例,导致生育水平下降;后期已婚比例下降,婚内生育率上升,婚内生育率的作用强度仍高于已婚比例,导致生育水平上升。因此,较低年龄组育龄妇女生育水平的变化由已婚比例主导,较高年龄组育龄妇女生育水平的变化由婚内生育率主导。

中国2015年1‰人口抽样调查的数据显示,中国20~39岁育龄妇女的已婚比例:20~24岁为25.2%;25~29岁为71.9%;30~34岁为90.9%;35~39岁为96.7%。虽然远高于日本2015年的水平,但是各年龄组的已婚比例均在下降。特别是较低年龄组的育龄妇女,相比1990年,20~24岁年龄组的已婚比例下降了33%,25~29岁年龄组下降了23.1%。参考日本的经验,中国育龄妇女的已婚比例仍有很大的下降空间。从婚内生育率来看,根据中国2015年1‰人口抽样调查的数据推算,20~39岁的育龄妇女的婚内生育率:20~24岁218.1‰;25~29岁为103.3‰;30~34岁为49.8‰;35~39岁为19.2‰。各年龄组均大大低于日本2015年的水平。婚内生育率的低下直接反映了当前中国育龄妇女总体生育意愿的低下。

三、日本的启示和经验教训

较早的少子化进程也相应地让日本比中国积累了更多应对少子化的经验,可

---

[1] 郭志刚,张二力,顾宝昌,等.从政策生育率看中国生育政策的多样性[J].人口研究,2003(5):1-10.

以为中国带来启示。同时，日本在应对少子化的过程中也存在一些明显的失误和不足之处，值得中国吸取教训，避免重蹈覆辙。

（一）对中国的启示

通过梳理日本的少子化对策可以看出，日本政府对少子化问题十分重视，因此日本的少子化对策仍能为中国围绕全面二孩政策制定整体性配套社会政策提供经验和参考。

中国在近几年才开始进行生育政策的调整，政策的具体效果需要等一段时间之后才能体现。根据测算，全面二孩政策的新增目标人群（15～49岁育龄妇女）约为9 000万人，其中40岁以下的育龄妇女占40％以下。一般认为高龄育龄妇女的生育意愿较低，但是更倾向在政策出台后尽快选择生育二胎；低龄育龄妇女的生育意愿较高，但会根据自身工作与家庭的安排逐步选择生育二胎。这部分目标人群生育势能的逐步释放会影响中国未来人口的发展，对适度提升生育水平、缓解人口老龄化、延缓劳动年龄人口减少具有一定的积极作用。中国目前的总和生育率在1.6～1.7之间，距离《国家人口发展战略研究报告》中全国总和生育率在未来30年应保持在1.8左右的总体战略目标差距不大。因此，目前中国少子化对策的重点并不是进一步采取鼓励生育的政策，而是应该通过制定整体性的配套措施，促进全面二孩政策的开展，实现生育政策的平稳过渡。

日本中央大学的山田昌弘教授在分析日本少子化的特征时，提出了一个较为抽象的少子化成因，即日本的年轻人对于未来抱有"不透明感"。具体表现为年轻人认为无法预知未来生活潜在的风险，对于婚姻生育没有信心，担心自己的子女无法享有优良的成长环境，因此选择回避婚姻和生育。针对这种"不透明感"，日本在应对少子化的过程中特别重视对整个社会意识和社会环境的重塑。在今天的中国，这种"不透明感"似乎也在年轻人中出现和蔓延，这势必会对生育水平产生影响。中国应该吸收日本的经验，提升认识高度，以构建人人都能够轻松地实现结婚、生育意愿并因此而感到幸福的社会为目标，重新审视人口政策体系的建设。

（二）日本的经验教训

首先，日本应对少子化最大的失误就是误判人口形势，开始应对过晚，坐视生育水平下降至"低生育率陷阱"，很难在短期内恢复。在长达18年的少子化预兆期内，如果日本政府及时开始应对生育水平下降的问题，那么现在日本的人口形势可能会有很大的改观。然而日本政府由于误判形势，不但没有鼓励生育，反而提出控制人口增长的政策，错过了少子化的最佳应对期。日本开始实施少子化对策的1994年人口出生率为10‰，总和生育率为1.5，已进入超少子化阶段；日本政府首次从法律层面确立少子化对策的"少子化对策元年"的人口出生率已降至9‰以下，总和生育率也降至1.3以下的超低水平。

与日本相比，中国开始调整生育政策的时点虽然距离少子化正式开始也过了20年左右的时间，但彼时中国的人口出生率、总和生育率和少年儿童人口系数均高于日本开始实施少子化对策时点的相应指标。中国开始实施单独二孩政策的2014年，人口出生率为12.4‰，总和生育率也在1.5以上，没有进入超少子化阶段，各项人口指标都显示中国并未陷入"低生育率陷阱"。因此，从这个层面上来说，中国开启少子化的应对策略与日本相比并不晚，甚至在某种意义上领先于日本。但是中国一定要警惕生育水平进一步下降的可能，尽早遏制少子化的趋势，避免重蹈日本的覆辙。

其次，日本少子化对策的目标人群模糊，对策内容向支援育儿一极集中，对于婚姻的支援严重不足。本研究发现，日本的婚内生育率，特别是30岁以下低年龄组育龄妇女的婚内生育率并不低，进入少子化阶段以来，生育水平的下降长期受已婚比例下降主导。近年来，日本女性的平均初婚年龄已上升到29.4岁，且由于初婚初育间隔时间的增长，平均婚内初育年龄已上升到31.8岁。由此可以判断，日本政府所采取的鼓励生育和支援育儿的少子化对策的主要目标人群是30~39岁的较高年龄组育龄妇女。这部分人群的婚内生育率虽然呈上升的趋势，但这种上升只是稳定在低位的缓慢上升，且近年来这种趋势已经趋于停滞，甚至开始下降。加之该年龄组育龄妇女的已婚比例很难有上升空间，因此仅靠现行的少子化对策提高生育水平积极作用恐怕难以为继。

目前中国育龄妇女的已婚比例虽然远高于日本，但是正处于加速下降的过程中。参考日本育龄妇女已婚比例下降的过程，中国育龄妇女的已婚比例仍有很大的下降空间。从婚内生育率来看，目前中国各年龄组已婚女性的婚内生育率均大大低于日本，可见总体生育意愿低下。因此，欲提高中国的生育水平，并使总和生育率稳定在1.8左右，必须解决两方面问题：一是阻止已婚比例的下降，特别是较低年龄组育龄妇女已婚比例的下降；二是提高育龄妇女的婚内生育率。想要做到这两点，仅靠全面开放二孩、鼓励生育的政策是不够的，必须通过一系列整体性的配套措施，营造让未婚的年轻人愿意结婚、已婚的年轻人愿意生育的社会环境。

第八章 结论与对策建议

第一节 主要结论

中日两国的少子化进程有相似之处：两国都经历了生育高峰期后生育水平的迅速下降，进入少子化阶段后少子化程度都迅速加深。但是日本的少子化进程早于中国近 20 年发生，目前的少子化程度也比中国更深。在未来的半个世纪，日本将面临前所未有的少子化和老龄化双重挑战。本研究系统地分析了日本少子化的进程、现状、未来趋势、成因、影响及应对政策，得出以下主要结论。

（一）日本少子化的成因复杂多样

在人口层面，婚内生育率和已婚比例交替主导日本生育水平变动的过程，育龄妇女的有效生育期大幅度缩短是日本生育率下降的重要原因之一。女性平均初婚年龄上升和初婚初育间隔延长的叠加作用，大幅压缩了日本育龄妇女的生育周期，导致有效生育期缩短了近一半的时间。有效生育期的缩短在客观上减少了生育总数，降低了生育意愿。日本育龄妇女的生育水平变化存在年龄差异，且不同年龄组生育水平变化的主导因素不同。较低年龄组育龄妇女生育水平的变化由已婚比例主导，较高年龄组育龄妇女生育水平的变化由婚内生育率主导。近年来，日本各年龄组育龄妇女已婚比例下降的趋势均已放缓，但婚姻状况对生育率仍存在消极作用。而近年来婚内生育率上升的积极作用抵消了这部分消极作用，促使日本的总和生育率实现触底反弹。这表明日本政府采取的一系列鼓励生育、降低育儿成本、支援育儿家庭的少子化对策起到了一定的积极作用，促进了婚内生育率的回升。

在经济层面，造成日本少子化的原因主要有三点：第一，随着经济的发展，日本养育子女的直接成本和间接成本大幅上升，而养育子女的效用不断降低，甚至出现了负效用。养育子女的成本早已远超效用，致使实际生育行为远低于生育意愿。第二，自泡沫经济崩溃以来，日本经济长期不景气，不仅影响普通家庭的收入，更导致年轻人就业环境恶化，经济收入无法得到保障，使越来越多的年轻人被迫选择晚婚晚育甚至不婚不育。第三，日本加班文化盛行，长时间劳动的问题十分普遍。加之长期以来受"男主外、女主内"的传统观念的影响，日本女性很难兼顾工作和生活。工作和生活的矛盾长期存在且无法克服是导致日本生育水平下降的重要原因之一。

在社会文化层面，随着经济的发展和人口转变的完成，日本的家庭形态发生了巨大的变化，传统的家庭功能弱化，传统的家庭性别分工意识淡薄，致使日本的育儿家庭无法兼顾工作和生活。日本社会的文化背景不支持非婚同居和婚外生育，使得日本无法像欧美国家那样依靠婚外生育来抵消晚婚化、非婚化对生育水平下降的影响。此外，日本人有着回避风险的价值观和对子女"过度负责"的育儿观，使很多年轻人推迟婚姻和生育，甚至选择"婚而不育"或不婚不育。

（二）日本少子化的影响巨大、广泛

少子化对日本人口的影响直观地表现于日本的人口增长过程，改变日本的人口增长曲线和人口惯性的作用方向，最终导致人口负增长。少子化还会降低少年儿童人口的比例，加剧老龄化程度，彻底改变日本的人口年龄结构。

少子化对经济增长具有长期持续的影响，二者之间存在长期的协同关系。具体表现为少子化导致劳动年龄人口供给不足，人口增长率降低甚至负增长，进而对经济增长产生负向的影响。少子化对经济增长的影响机理反映在日本经济中，具体表现为，长期的少子化进程导致1989年以来日本的新增劳动年龄人口逐年减少，拉低了日本实际GDP的增长率，对日本的潜在经济产出具有持续的抑制作用，且作用力越来越强。

少子化对日本社会文化的影响主要体现在地方社会形态、社会思潮、文化传承、教育等方面。首先，少子化是导致日本地方过疏化的原因之一，引发地方产业的衰退、财政收入锐减、地方自立性薄弱等一系列地方社会问题。其次，在少子化的影响之下，日本的"现代"思潮转向"后现代"思潮、大众文化转向年轻人文化和亚文化，导致传统文化传承面临困境。最后，日本长期的少子化导致少年儿童和青年人口不断减少，一些规模过小的学校被迫关闭或合并，中小学的生均教育成本上升；在高等教育层面，生源人口的缩减和高等教育结构的转变共同导致日本大学生整体素质的降低。

(三) 日本的少子化对策值得肯定，但效果受限

日本的少子化对策施策密度大、覆盖范围广，已经形成一个复杂的、综合性的政策体系。这一体系可以归纳为顶层设计、政策框架、综合应对和具体施策四个层次，其对策内容中可以抽出经济援助、支援生育和育儿、改革工作方式三条主线。日本的少子化对策对目标人群乃至整个社会提供有利于婚育的良好环境的作用较大，但增强婚育意愿的推动作用和减少婚育障碍的拉动作用有待增强。

第二节 对策建议

一、日本少子化对策的优化路径

纵观日本的少子化对策，绝大多数都围绕鼓励生育和支援育儿的相关内容展开，极少有跟结婚直接相关的对策。

日本政府想要进一步提高生育水平，就必须改变"一边倒"的政策配比，做到"双管齐下"，努力改变当前已婚比例对生育率的作用方向，在未来让已婚比例和婚内生育率同时上升，这样才能让生育率回升。日本政府今后在巩固现行的鼓励生育和支援育儿的少子化对策的基础上，应该扩大少子化对策的目标人群，将今后的政策着眼点放在具有较高婚内生育率的20～29岁年龄组育龄妇女身上。这个年龄组的女性在生理上处于生育力高峰期，但由于过低的已婚比例，仅有一小部分进入了有效生育期。今后日本的生育水平能否继续提高的关键就在于能否提高这部分人群的已婚比例，促使育龄妇女尽早进入有效生育期。因此，日本政府应该在鼓励年轻人结婚、降低结婚成本等方面加强政策引导，提高育龄妇女，特别是生育能力高峰期育龄妇女的已婚比例，以挖掘这部分人群丰富的生育潜能。

日本政府还应该推动财政投入向少子化倾斜，确保实施少子化对策的财政来源。日本内阁会议近年来先后制定了《新一揽子经济政策》《经济财政运营和改革基本方针2018》等政策，并按计划于2019年10月1日起将消费税上涨到10%，意欲扩大财源。其后续的政策效果值得我们关注。

此外，日本政府还应该加大宣传，努力提高少子化对策的知悉度。日本内阁府"关于少子化社会对策的意识调查"结果显示，有近四分之一的民众不了解现

行的少子化对策；关于少子化对策的知悉度，未婚者小于已婚未育者，已婚未育者小于已婚已育者，出现了越是需要少子化对策支持的人群，其对少子化对策的知悉度反而越低的情况。很多日本的年轻人正是因为不了解少子化对策，而无法充分享受到政府对于婚姻和生育的支援。针对改革工作方式的相关对策，应该加强其强制性。日本固有的职场文化根深蒂固，很难在短时间内彻底发生转变，因此往往会出现用人单位不认真履行对策义务、员工出于压力主动放弃享受对策支援的情况，导致很多针对职场的少子化对策难以落到实处。只有在一定的强制力作用下，用人单位履职和员工享受对策支援才能成为自然而然的事，少子化对策才能在日本职场得以落实。

二、中国应对少子化的政策建议

经过人口、社会和经济的急速转型，中国的人口形势面临着老龄化加速发展、少子化程度不断加深的新局面。中国已进入全面建成小康社会的决胜期，到21世纪中叶，建成富强民主文明和谐美丽的社会主义现代化强国的新征程已全面开启。中华民族欲实现这一伟大目标，需要一定数量和质量的人口作为基础，必须维持适度的生育水平，遏制少子化的进一步发展。

根据测算，全面二孩政策的新增目标人群（15～49岁育龄妇女）约为9 000万人，其中40岁以下的育龄妇女占40％以下。[①] 这部分目标人群生育势能的逐步释放会影响中国未来人口的发展，对适度提升生育水平、缓解人口老龄化、延缓劳动年龄人口减少起到一定的积极作用。

中国育龄妇女的已婚比例与日本相比仍有很大的下降空间，且各年龄组育龄妇女的婚内生育率都大大低于日本。因此提高中国的生育水平，必须解决两方面问题：一是阻止已婚比例的下降，特别是较低年龄组育龄妇女已婚比例的下降；二是提高育龄妇女的婚内生育率。想要做到这两点，仅靠全面开放二孩、鼓励生育的政策是不够的，必须要通过一系列整体性的配套措施，营造让未婚的年轻人愿意结婚，已婚的年轻人愿意生育的社会环境。

提高中国的生育水平，具体的政策建议如下：

第一，加大财政投入力度，降低生育、育儿的成本，减轻育龄人群的经济压

---

① 王广州. 影响全面二孩政策新增出生人口规模的几个关键因素分析 [J]. 学海, 2016 (1)：82-89.

力。政府有必要加大对公办托儿所、幼儿园的投入，同时鼓励企事业单位和民间资本提供婴幼儿照料服务和教育服务，为育儿家庭提供更多优质且廉价的托儿、保育服务。同时，应加大对义务教育的投入，杜绝中小学乱收费和校外补课乱象，减少育儿家庭的教育成本。二孩政策的目标人群中大部分正处于抚养未成年子女的阶段，高昂的教育成本是他们拒绝生育二胎的重要原因之一。

第二，构建工作和家庭能够兼顾的社会环境，减轻双职工家庭照料孩子的压力。对于育儿家庭的员工，可以引入弹性出勤制度，减少加班时间。鼓励企事业单位自办职工子女托儿所、幼儿园，没有条件的单位可以设置托儿室，政府应给予一定的补贴。完善中小学校车制度，减轻育儿人群接送孩子的压力。鼓励小学放学后在校园内设置课后教室，让小学生放学后有可以安全滞留的场所，并得到多样的课外教育。

第三，构建女性可以安心就业的社会环境。一方面要引导男性更多地参与育儿，与女性共同承担家庭照料责任，减轻女性的家庭负担。另一方面要杜绝对女性的就业歧视，加强政策保护和监督管理，避免女性在就业、升职等方面因生育而遭到不公平的对待。同时，政府应帮助女性分担因生育付出的机会成本，提高生育保险待遇，并针对育儿期女性提供更灵活的就业形式。

第四，可以设立应对少子化的专门机构，总体上负责研究制定少子化对策，形成一揽子配套政策，确保政策的整体性和连贯性，并推动政策的具体实施。制定并完善相关领域的法律法规，从法制层面上保障少子化对策的制定与实施。中国开始计划生育工作之初，就先后成立了国务院计划生育领导小组、国家计划生育委员会等专门机构，从中央到地方建立了一整套管理体系，并颁布了《中华人民共和国人口与计划生育法》，确保了计划生育工作的有序开展，收获了卓越的成果。而今国家人口政策的重点发生了改变，也可以效仿当年的组织管理机制针对少子化问题展开工作。

第五，少子化对策不应该是计划生育部门等少数政府部门的责任，而是应该让相关的中央各部委和地方政府都参与其中，群策群力，协同工作，实现政策制定最优化和政策效果最大化。还应充分发挥企事业单位、民间资本、社会团体等各方面的力量，加大宣传力度，营造全社会共同关注、共同参与应对少子化问题的局面，达成人口长期均衡发展的战略目标。同时，要加强官研结合、产研结合，充分发挥学界的力量，为少子化对策在中国的实践提供理论支持。

第六，应对少子化问题需要提升战略高度，从整体上营造婚育友好的社会环境，让年轻人能够更积极地思考婚姻和生育，同时更轻松地实现婚姻和生育的愿望。前文提及，年轻人对未来抱有"不透明感"是解释少子化问题的视角之一。如果一个社会的整体环境无法让年轻人建立"未来会比现在更好"和"子女会过得比自己更好"的信心，则年轻人对未来的"不透明感"就会出现和蔓延，并对婚育意愿产生潜移默化的影响。因此，应对少子化问题必须加强全局思考，通过婚育友好型社会环境的塑造，让未婚的人在已婚的人身上看到正的效用，让未生育的人在有子女的人身上看到正的效用，让一孩家庭在多孩家庭身上看到正的效用，让未来在年轻人眼中变得"透明"。

综上所述，本研究对中国未来应对少子化问题提出了这样的构想（见图8.1）：由中央各部委和各级政府、包括学界在内的全体社会力量共同构成多元应对主体，形成对生育水平的推动力、拉动力、影响力三力合一的综合政策体系，从整体上构建婚育友好型的社会环境。

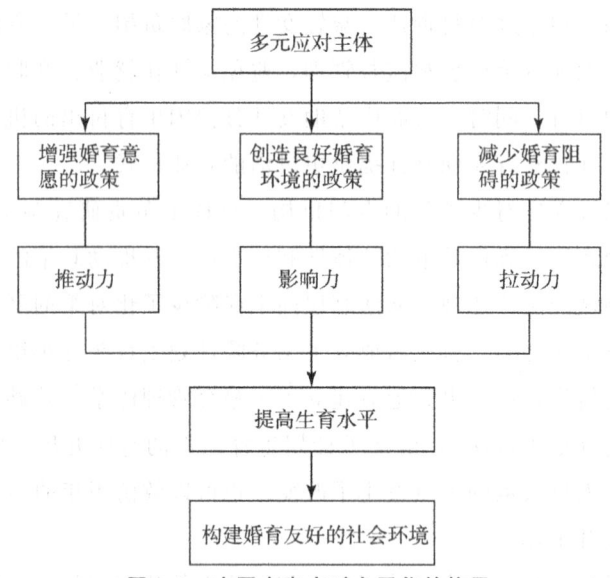

图 8.1 中国未来应对少子化的构思

参考文献

[1] 曹立斌，石智雷. 低生育率自我强化效应的社会学机制的检验与再阐述 [J]. 人口学刊，2017，39（1）：18-27.

[2] 陈佳鞠，翟振武. 20世纪以来国际生育水平变迁历程及影响机制分析 [J]. 中国人口科学，2016（2）：12-25；126.

[3] 陈卫. 中国近年来的生育水平估计 [J]. 学海，2016（1）：67-75.

[4] 陈振明. 政策科学教程 [M]. 北京：科学出版社，2015.

[5] 陈振明，张敏. 国内政策工具新进展1998—2016 [J]. 江苏行政学院学报，2017（6）：109-116.

[6] 崔世广. 现代日本人的价值观及其变化趋势 [J]. 日本学刊，2000（6）：86-101.

[7] 丁英顺. 日本应对低生育政策再探讨 [J]. 东北亚学刊，2019（2）：133-143；152.

[8] 董佳佳. 日本少子化的因素分析：家庭育儿支出对少子化的影响 [J]. 日本问题研究，2007（4）：57-59；64.

[9] 冯筱涵. 日本少子化政策经验及其对我国少子化政策的启示研究 [D]. 大连：东北财经大学，2016.

[10] 高文力，梁颖. 关注婚姻状态变化对于生育水平的影响 [J]. 人口与发展，2011，17（4）：82-88；100.

[11] 顾宝昌，侯佳伟，吴楠. 中国总和生育率为何如此低？——推延和补偿的博弈 [J]. 人口与经济，2020（1）：49-62.

[12] 国家人口发展战略研究课题组. 国家人口发展战略研究报告 [J]. 人口与计划生育，2007（3）：4-9.

[13] 郭维明. 20世纪90年代我国婚育模式的初步分析 [J]. 人口学刊，2003（5）：18-21.

[14]郭志刚. 中国的低生育水平及其影响因素 [J]. 人口研究, 2008 (4): 1-12.

[15]郭志刚. 对中国 1990 年代生育水平的研究与讨论 [J]. 人口研究, 2004 (2): 10-19.

[16]郭志刚, 张二力, 顾宝昌, 等. 从政策生育率看中国生育政策的多样性 [J]. 人口研究, 2003 (5): 1-10.

[17]顾杨妹. 少子化对日本文化传承的影响 [J]. 吉林省教育学院学报（下旬）, 2013, 29 (5): 114-116.

[18]贺丹, 张许颖, 庄亚儿, 王志理, 杨胜慧. 2006—2016 年中国生育状况报告——基于 2017 年全国生育状况抽样调查数据分析 [J]. 人口研究, 2018, 42 (6): 35-45.

[19]何盛明. 财经大辞典, [M]. 北京: 中国财政经济出版社, 1990.

[20]洪英芳. 论现代人口转变及其两种基本形态 [J]. 人口与经济, 1985 (6): 53-57.

[21]侯建明. 低生育水平对我国东北地区未来人口发展的影响 [D]. 长春: 吉林大学, 2010.

[22]胡澎. 日本人口少子化的深层社会根源 [J]. 人民论坛, 2018 (21): 112-114.

[23]胡澎. 日本在鼓励生育与促进妇女就业上的政策与措施 [J]. 日本学刊, 2004 (6): 126-140.

[24]黄彩虹. 人口新政下中国"低生育率陷阱"判断及趋势预测 [D]. 济南: 山东师范大学, 2017.

[25]姜跃春. "安倍经济学"与日本经济走势展望 [J]. 亚太经济, 2017 (1): 93-96; 175.

[26]靳永爱. 低生育率陷阱: 理论、事实与启示 [J]. 人口研究, 2014, 38 (1): 3-17.

[27]梁军. 简论日本经济持续萧条的原因与影响 [J]. 日本学刊, 2013 (6): 67-86; 158-159.

[28]梁军. 劳动生产率增速变动与日本经济长期低迷 [J]. 日本学刊, 2014 (6): 93-109.

[29]梁颖. 日本的少子化原因分析及其对策的衍变 [J]. 人口学刊, 2014, 36 (2): 91-103.

[30]李建民. 后人口转变论 [J]. 人口研究，2000（4）：9-13.

[31]李建新. "后人口转变论"质疑：兼与于学军、李建民博士商榷 [J]. 人口研究，2000（6）：1-7.

[32]刘培. "全面两孩"政策下银川市育龄人群两孩生育意愿及影响因素研究 [D]. 银川：宁夏医科大学，2017.

[33]刘平. 国外对生育率中间变量理论的研究 [J]. 南方人口，1988（1）：14-18.

[34]李永胜. 人口统计学 [M]. 成都：西南财经大学出版社，2002.

[35]李玉柱. 低生育水平地区生育观念和生育行为分析：来自江苏五县的调查 [D]. 北京：中国社会科学院研究生院，2011.

[36]罗淳. 试论后人口转变 [J]. 中国人口科学，2001（1）：38-44.

[37]罗肇鸿、王怀宁. 资本主义大辞典 [M]. 北京：人民出版社，1995.

[38]路遇，翟振武. 新中国人口六十年 [M]. 北京：中国人口出版社，2009.

[39]马学礼. 婚姻对生育率水平变动的影响分析 [D]. 长春：吉林大学，2013.

[40]马学礼，陈志恒. 老龄社会对日本经济增长与刺激政策的影响分析 [J]. 现代日本经济，2016（4）：83-94.

[41]穆光宗. 中国生育率下降及其后果研究大纲 [J]. 上海社会科学院学术季刊，1994（3）：131-139.

[42]穆光宗. 从"政策性低生育"进入"内生性低生育"[N].北京日报，2019-10-28（14）.

[43]潘敏. 现代人生育意愿的变迁：基于莱宾斯坦的"孩子成本效益"理论 [J]. 德州学院学报，2016，32（3）：49-53.

[44]乔晓春. 关于21世纪中国生育政策研究的思考 [J]. 人口研究，1999（2）：1-9.

[45]齐明珠. 人口变化与经济增长：中国与印度的比较研究 [J]. 北京：人口研究，2013，37（3）：93-101.

[46]邱红，赵腾腾：日本生育水平变化分析 [J]. 人口学刊，2017，39（5）：94-102.

[47]权彤，郭娜. 日本"超少子化"问题研究：基于女性就业的视角 [J]. 山西高等学校社会科学学报，2015，27（5）：35-38.

[48]饶歆林. 结婚与生育控制在我国生育率下降过程中的作用——基于寇尔指数的研究 [J]. 人口·社会·法制研究，2016（Z2）：10-14.

[49]任强,傅强.经济发展下的边际生育行为:莱宾斯坦理论的实证分析[J].中国人口科学,2007(1):60-70;96.

[50]山田昌弘,胡澎.少子化问题的亚洲特征:日本与欧美比较的视角[J].日本学刊,2019(2):87-97.

[51]施锦芳.日本人口少子化问题研究[J].日本研究,2012(1):20-26.

[52]石人炳.人口转变:一个可以无限拓展的概念?[J].人口研究,2012,36(2):11-18.

[53]石人炳.日本少子化及其对教育的影响[J].人口学刊,2005(1):46-50.

[54]石人炳.日本生育率下降对高等教育的影响[J].南京师大学报(社会科学版),2005(5):86-90.

[55]宋宗成.人口增长与人口转变问题[J].西北人口,1986(4):20-30;16.

[56]孙碧竹.我国社会养老服务体系发展研究[D].长春:吉林大学,2019.

[57]孙志建.政府治理的工具基础:西方政策工具理论的知识学诠释[J].公共行政评论,201(6):67-103.

[58]汤梦君.中国生育政策的选择:基于东亚、东南亚地区的经验[J].人口研究,2013,37(6):77-90.

[59]田飞.人口预测方法体系研究[J].安徽大学学报(哲学社会科学版),2011,35(5):151-156.

[60]田飞.场景预测方法与概率预测方法的比较[J].统计与决策,2011(18):20-22.

[61]田庆立.日本的少子化问题及其应对之策[J].社科纵横,2014,29(6):99-101.

[62]田雪原,翟振武,李竞能.人口学[M].杭州:浙江恩民出版社,2004.

[63]田毅鹏.20世纪下半叶日本的"过疏对策"与地域协调发展[J].当代亚太,2006(10):51-58.

[64]田毅鹏,张帆.城乡结合部"村落终结"体制性影响因素新探[J].社会科学战线,2016(10):170-178.

[65]王广州,周玉娇,张楠.低生育陷阱:中国当前的低生育风险及未来人口形势判断[J].青年探索,2018(5):15-27.

[66]王广州.中国人口预测方法及未来人口政策[J].财经智库,2018,3(3):112-138;144.

[67]王广州.影响全面二孩政策新增出生人口规模的几个关键因素分析[J].学海,2016(1):82-89.

[68]王辉.政策工具视角下我国养老服务业政策研究[J].中国特色社会主义研究,2015(2):83-90.

[69]王金营.1990—2000年中国生育模式变动及生育水平估计[J].中国人口科学,2003(4):36-42.

[70]王伟.日本少子化进程与政策应对评析[J].日本学刊,2019(1):117-135.

[71]王晓峰.人口统计学[M].北京:中央广播电视大学出版社,2011.

[72]王晓峰,马学礼.老龄化加速期人口因素对日本经济增长的影响——以人口、经济的双重拐点为视角[J].现代日本经济,2014(5):1-12.

[73]邬沧萍.调整人口年龄结构是计划生育的社会职能:兼论计划生育与人口年龄结构老化[J].中国人口科学,1987(1):15-23.

[74]邬沧萍,杜亚军.我国人口转变与人口政策之间的关系[J].南方人口,1986(1):1-4.

[75]邬沧萍,杜亚军.我国人口转变与人口政策之间的关系[J].南方人口,1986(1):1-4.

[76]吴帆.低生育率陷阱究竟是否存在?——对后生育率转变国家(地区)生育率长期变化趋势的观察[J].人口研究,2019,43(4):50-60.

[77]吴忠观.人口科学辞典[M].成都:西南财经大学出版社,1997.

[78]肖扬.日本政府为促进妇女就业采取的对策[J].中国妇运,2001(5):45-46;24.

[79]杨成钢,张笑秋.中国婚姻结构与生育控制对生育水平的影响分析:基于简化的邦戈茨中间变量生育率模型[J].人口学刊,2011(2):14-20.

[80]杨菊华.中国真的已陷入生育危机了吗?[J].人口研究,2015,39(6):44-61.

[81]杨子慧."三结合":人口转变的第三种途径[J].人口研究,1998(5):63-68.

[82]闫玉,马学礼.生育率下降与婚姻伦理观念的变革[J].社会科学战线,2014(2):178-181.

[83]叶明德.对"中国进入后人口转变时期"的质疑[J].中国人口科学,2001(1):32-37.

[84]尹豪. 人口学导论 [M]. 北京：中国人口出版社，2006.

[85]原新. 我国生育政策演进与人口均衡发展：从独生子女政策到全面二孩政策的思考 [J]. 人口学刊，2016，38（5）：5-14.

[86]于昊淼，郑筠，修金月. 基于 PADIS-INT 的湖南省人口预测研究 [J]. 现代商业，2014（13）：82-84.

[87]于学军，杨书章. 从 21 世纪上半叶我国人口变动趋势看稳定低生育水平的重要性和艰巨性 [J]. 人口研究，2000（2）：1-8.

[88]于学军，王广州. 第五次全国人口普查科学讨论会论文集[C].北京：中国统计出版社，2004：709-736.

[89]于学军. 中国进入"后人口转变"时期 [J]. 中国人口科学，2000（2）：8-15.

[90]于学军. 再论"中国进入后人口转变时期" [J]. 中国人口科学，2001（3）：54-59.

[91]翟振武，陈卫. 1990 年代中国生育水平研究 [J]. 人口研究，2007（1）：19-32.

[92]翟振武，陈佳鞠，李龙. 现阶段中国的总和生育率究竟是多少？——来自户籍登记数据的新证据 [J]. 人口研究，2015，39（6）：22-34.

[93]张丁元. 日本人口过疏化问题研究 [D]. 长春：吉林大学，2019.

[94]张季风. 重新审视日本"失去的二十年" [J]. 日本学刊，2013（6）：9-29；157.

[95]张季风. 用马克思主义经济理论解析战后日本经济周期波动 [J]. 日本学刊，2018（2）：1-31.

[96]张笑秋：寇尔生育指数的改进及其应用分析：基于女性婚姻结构对生育水平的影响研究 [J]. 中国人口科学，2009（3）：58-66；112.

[97]张玉来. "安倍经济学"与日本经济结构转型 [J]. 日本学刊，2016（3）：53-72.

[98]赵梦晗. 2000—2010 年中国生育水平估计 [J]. 人口研究，2015，39（5）：49-58.

[99]赵毅博. 日本养老保障体系研究 [D]. 长春：吉林大学，2014.

[100]周希璋. 我国人口再生产类型的转变 [J]. 人口研究，1983（6）：13-18.

[101]朱宝生，乔晓春. 数据漏报对总和生育率与出生率确定性函数关系的影响

[J]．人口与经济，2019（1）：1-13．

[102]朱国宏．人口转变论：中国模式的描述和比较［J］．人口与经济，1989（2）：31-38．

[103]朱国宏．关于"后人口转变"［J］．中国人口科学，2001（3）：60-65．

[104]邹文慧．基于模型平均的中国总和生育率估计［D］．天津：天津财经大学，2017：9．

[105]BOLING P. Demography, Culture, and Policy: Understanding Japan's Low Fertility [J]. Population and Development Review, 2008, 34 (2): 307-326.

[106]BONGAARTS J. The Fertility-Inhibiting Effects of the Intermediate FertilityVariables [J]. Studies in Family Planning, 1982, 13 (6-7): 179-189.

[107]BONGAARTS J. The End of the Fertility Transition in Developed World [J]. Population and Development Review. 27: 206-281. 2002.

[108]REHER D. The demographic transition revisited as a global process [J]. Population Space & Place, 2004, 10 (1): 19-41.

[109]FREJKA T, SARDON J P. Childbearing Trends and Prospects in Low-Fertility Countries: A Cohort Analysis [M]. Berlin: Springer Netherlands, 2004: 396-398.

[110]JONES G W. Delayed Marriage and Very Low Fertility in Pacific Asia [J]. Population and Development Review, 2007, 33 (3): 453-478.

[111]KOHLER H, BILLARI F C, ORTEGA J A. The Emergence of Lowest-low Fertility in Europe During the 1990s [J]. Population and De-velopment Review 2002, 28: 641-680.

[112]KREYENFELD M. Jonas Wood: Essays on Socio-Economic Differentiation in European Fertility—The Impact of Economic Context and Social Policy [J]. European Journal of Population, 2016, 32 (4): 1-2.

[113]LUTZ W, SKIRBEKK V, TESTA M. R. The Lowfertility Trap Hypothesis: Forces That May Lead to Further Postponement and Fewer Births in Europe. Vienna Yearbook of Population Research, 2006 (4): 167-192.

[114]RKAS M. Relief for children as an Instrument of Family Policy and Low Fertility in Poland [J]. Uniwersytet Ekonomiczny we Wrocawiu, 2016:

360-373.

[115]MCDONALD P. Low Fertility and the State: The Efficacy of Policy [J]. Population and Development Review, 2006, 32 (3): 485-510.

[116] RAYMO J M, Fukuda S, Iwasawa M. Educdational Differences in Divorce in Japan [J]. Demographic Research, 2013 (6): 177-206.

[117]TTEVENON O, Anne H. Gauthier. Family policies in developed countries: a 'fertility-booster' with side-effects [J]. Community Work&Family, 2011, 14 (2): 197-216.

[118]ROMER P M. Endogenous Technological Change [J]. Journal of Political Economy, 1990, 98 (5): S71-S102.

[119]ROTHWELL R, ZEGVELD W. Reindusdalization and Technology [M]. London: Logman Group Limited, 1985: 83-104.

[120]SOLOW R. A Contribution to the Theory of Economic Growth [J]. QuarterlyJournal of Economics, 1956, 70 (1): 65-94.

[121]United Nations, Department of Economic and Social Affairs, Population Division (2019). World Population Prospects 2019, Online Edition. Rev. 1 [EB/OL]. [2020-03-06]. https://population.un.org/wpp/Download/Standard/Interpolated/.

[122]Van de Kaa DJ. The second demographic transition revisited:, theories and expectations. [J]. Nidi/cbgs Publication, 1994.

[123]WILSON, CHRIS. Thinking about pos t transitional demographic regimes [J]Areflection Demographic Research, 2013, 28 (46): 1373-1388.

[124]阿部正浩. 男女共同参画，子育て支援が与える出生率への影響[R].厚生労働省科学研究政策科学推進研究事業報告書，2005: 250-255.

[125]阿藤誠. 日本の超少産化現象と価値観変動仮説 [J]. 人口問題研究, 1997 (3): 3-20.

[126]东浩纪. 动物化するポストモダン：オタクから見た日本社会 [M]. 东京：讲谈社，2001.

[127]青木尚雄. 第1回日本人口会议の概要 [J]. 人口問題研究, 1974 (10): 44-45.

[128]文部科学省. 新・放课後子ども総合プラン [EB/OL]. (2018-09-14)

[2019-09-28]. http：//www. mext. go. jp/b_menu/houdou/30/09/_icsFiles/afieldfile/2018/09/14/1409159_1. pdf.

[129]福田慎一. 人口減少がマクロ経済成長に与える影響—経済成長理論からの視点—[J]. 経済分析，2017（196）：9-27.

[130]早川英男. アベノミクス新「3本の矢」：その背景と意味. [EB/OL]. (2015-11-10) [2019-10-10]. https：//www. fujitsu. com/jp/group/fri/column/opinion/201511/2015-11-1. html.

[131]総合教育策局調査企画课 e-Stat. 学校基本調査[EB/OL]. [2020-01-29]. https：//www. e-stat. go. jp/stat-search/files? page = 1&toukei = 00400001&tstat=000001011528.

[132]伊奈正人. サブカルチャーの社会学[M]. 京都：世界思想社，1999.

[133]伊达雄高，清水谷论. 日本の出生率低下の要因分析：実証研究のサーベイと政策的含意の検討[J]. 経済分析，2005（6）：93-135.

[134]岩澤美帆.「ポスト人口転換期」の出生動向：少子化の経纬と展望[J]. 人口問題研究，2015（6）：86-101.

[135]小池司朗. 人口移動と出生行動の関係について：初婚前における大都市圏への移動者を中心として[J]. 人口問題研究，2009（9）：3-20.

[136]国立社会保障・人口問題研究所. 人口统計資料集 2019 年版[EB/OL]. [2020-01-03]. http：//www. ipss. go. jp/syoushika/tohkei/Popular/Popular2019. asp? chap=6&title1=%87Y%81D%8C%8B%8D%A5%81E%97%A3%8D%A5%81E%94z%8B%F4%8A%D6%8CW%95%CA%90l%8C%FB.

[137]国立社会保障・人口問題研究所. 日本の将来の推計人口[EB/OL]. (2017-07-31) [2020-01-10]. http：//www. ipss. go. jp/pp-zenkoku/j/zenkoku2017/pp29_ReportALL. pdf.

[138]国立社会保障・人口問題研究所. 日本の将来推計人口（平成 29 年推計）[EB/OL]. (2017-04) [2019-10-08]. http：//www. ipss. go. jp/pp-zenkoku/j/zenkoku2017/pp_zenkoku2017. asp.

[139]厚生省. 緊急保育対策等 5 か年事業の概要[EB/OL]. (1996-12) [2019-09-28]. http：//www. ipss. go. jp/publication/j/shiryou/no. 13/data/shiryou/syakaifukushi/517. pdf.

[140]厚生労働省.新エンゼルプランについて[EB/OL].(1999-12-19)[2019-09-28].https://www.mhlw.go.jp/www1/topics/syousika/tp0816-3_18.html.

[141]厚生労働省.少子化対策プラスワン[EB/OL].(2002-09-20)[2019-09-27].https://www.mhlw.go.jp/houdou/2002/09/h0920-1.html.

[142]厚生労働省.子ども・子育て応援プラン[EB/OL].(2006-12-19)[2019-09-28].https://www.mhlw.go.jp/bunya/kodomo/jisedai22/pdf/data.pdf.

[143]厚生労働省.「新待機児童ゼロ作戦」について[EB/OL].(2008-02-27)[2019-09-28].https://www.mhlw.go.jp/houdou/2008/02/h0227-1.html.

[144]厚生労働省.待机児童解消加速化プラン[EB/OL].[2019-09-28].https://www.mhlw.go.jp/bunya/kodomo/pdf/taikijidokaisho_01.pdf.

[145]厚生労働省,文部科学省.放课後子ども総合プランについて[EB/OL].(2014-08-11)[2019-09-28].https://www.mhlw.go.jp/file/06-Seisakujouhou-11900000-Koyoukintoujidoukateikyoku/0000054557.pdf.

[146]增田幹人.マクロ経済モデルによる家族・労働政策が出生率に及ぼす効果の分析[J].人口問題研究,2012(3):14-33.

[147]男女共同参画局.週労働時間60時間以上の男性就業者の割合（年齢阶级別）[EB/OL].[2020-01-16].http://www.gender.go.jp/about_danjo/whitepaper/h27/zentai/html/zuhyo/zuhyo01-03-05.html.

[148]内阁府.1998年度国民経済計算（1990基准・68SNA）[EB/OL].[2019-10-10].https://www.esri.cao.go.jp/jp/sna/data/data_list/kakuhou/files/h10/12annual_report_j.html.

[149]内阁府.2017年度国民経済計算（2011基准・2008SNA）[EB/OL].[2019-10-10].https://www.esri.cao.go.jp/jp/sna/data/data_list/kakuhou/files/h29/h29_kaku_top.html.

[150]内阁府.少子化社会対策白書[EB/OL].[2019-09-26].https://www8.cao.go.jp/shoushi/shoushika/whitepaper/measures/w-2019/r01pdfhonpen/r01honpen.html.

[151]内阁府男女共同参画局.仕事と子育て両立支援策の方针について[EB/OL].(2001-07-06)[2019-09-27].http://www.gender.go.jp/kaigi/

danjo_kaigi/kosodate/130706.html.

[152]内閣府.少子化社会対策基本法［EB/OL］.（2003-07-30）［2019-09-28］.https：//www8.cao.go.jp/shoushi/shoushika/meeting/outline/shoushilaw.html.

[153]内閣府.少子化社会対策大綱［EB/OL］.（2004-06）［2019-09-28］.https：//www8.cao.go.jp/shoushi/shoushika/law/pdf/shoushika_taikou.pdf.

[154]内閣府.新しい少子化対策について［EB/OL］.（2006-06-20）［2019-09-28］.https：//www8.cao.go.jp/shoushi/shoushika/family/summary/pdf/taisaku.html.

[155]内閣府.「子どもと家族を応援する日本」重点戦略［EB/OL］.（2007-12）［2019-09-28］.https：//www8.cao.go.jp/shoushi/shoushika/meeting/measures/decision.html.

[156]内閣府.子ども・子育てビジョン［EB/OL］.（2010-01-29）［2019-09-28］.https：//www8.cao.go.jp/shoushi/shoushika/family/vision/pdf/gaiyo.pdf.

[157]内閣府.子ども・子育関連3法について［EB/OL］.（2013-04）［2019-09-28］.https：//www8.cao.go.jp/shoushi/shinseido/law/kodomo3houan/pdf/s-about.pdf.

[158]内閣府.少子化危机突破のための緊急対策［特集］［EB/OL］.（2013-06-07）［2019-09-28］.https：//www8.cao.go.jp/shoushi/shoushika/whitepaper/measures/w-2013/25pdfgaiyoh/pdf/s2-3.pdf.

[159]内閣府.少子化対策大綱［EB/OL］.（2015-03-20）［2019-09-28］.https：//www8.cao.go.jp/shoushi/shoushika/law/taikou2.html.

[160]内閣府.新しい経済政策パッケージについて［EB/OL］.（2015-03-20）［2019-09-28］.https：//www5.cao.go.jp/keizai1/package/20171208_package.pdf.

[161]内閣府.少子化社会対策会議について［EB/OL］.［2019-09-28］.https：//www8.cao.go.jp/shoushi/shoushika/meeting/measures/index.html.

[162]内閣府.少子化社会対策大綱検討会（第1回）議事次第［EB/OL］.（2003-12-10）［2019-09-27］.https：//www8.cao.go.jp/shoushi/shoushika/meeting/outline/k_shidai1.html.

[163]日本人口学研究会.現代人口辞典［M］.东京：原书房，2010.

[164]大渕寛，阿藤誠．少子化の政策学［M］．东京：原书房，2005．

[165]大渕寛，兼清弘之．少子化の社会経済学［M］．东京：原书房，2005．

[166]大渕寛，高橋重郷．少子化の人口学［M］．东京：原书房，2004．

[167]労働政策研究・研修机构．データブック国際労働比較 2018［EB/OL］．(2018-03-28)[2020-01-16]．https：//www. jil. go. jp/kokunai/statistics/databook/2018/documents/Databook2018. pdf．

[168]参议院．働き方改革を推進するための関係法律の整備に関する法律［EB/OL］．(2018-07-06)[2019-09-28]．https：//www. sangiin. go. jp/japanese/joho1/kousei/gian/196/pdf/s0801960631960. pdf．

[169]佐藤一磨．夫の失業は出産を抑制するのか［J］．経済分析，2018（3）：70-92．

[170]佐藤龙三郎．日本の「超少子化」その原因と政策対応をめぐって［J］．人口問題研究，2008（6）：10-24．

[171]佐藤龙三郎，金子隆一．ポスト人口転換期の日本：その概念と指標［J］．人口問題研究，2015（6）：65-85．

[172]佐藤龙三郎，金子隆一．ポスト人口転換期の日本：その含意［J］．人口問題研究，2015（12）：305-325．

[173]総務省統計局．人口推計 2019 年（令和元年）12 月報［EB/OL］．(2019-12-20)[2020-01-06]．https：//www. stat. go. jp/data/jinsui/new. html．

[174]総務省統計局．人口推計 2020 年（令和 2 年）2 月報［EB/OL］．(2020-02-20)[2020-03-14]．https：//www. stat. go. jp/data/jinsui/pdf/202002. pdf．

[175]衆議院．次世代育成支援対策推進法［EB/OL］．(2003-07-16)[2019-09-28]．http：//www. shugiin. go. jp/internet/itdb _ housei. nsf/html/housei/15620030716120. html．

[176]首相官邸．ニッポン一亿総活跃プランについて［EB/OL］．(2016-06-02)[2019-09-28]．https：//www. 8. cao. go. jp/shoushi/shinseido/meeting/kodomo _ kosodate/k _ 28/pdf/s7-1. pdf．

[177]首相官邸．働き方改革実行計画概要［EB/OL］．(2017-03-28)[2019-09-28]．https：//www. kantei. go. jp/jp/headline/pdf/20170328/05. pdf．

[178]首相官邸．「子育て安心プラン」について［EB/OL］．(2017-06-22)[2019-09-28]．https：//www. kantei. go. jp/jp/singi/syakaihosyou _

kaikaku/dai7/shiryou7.pdf.

[179]高桥重郷，大渊寛. 人口減少と少子化対策［M］. 东京：原书房，2015.

[180]高桥重郷. 超少子化と家庭・社会の変容——セミナーの概要とパネルディスカッション［J］. 人口問題研究，2008（6）：1-9.

[181]高山宪之，小川浩，吉田浩，等. 結婚・育児の経済コストと出生力-少子化の経済学的要因に関する一考察［J］. 人口問題研究，2000（12）：1-18.

[182]樋口美雄，岩本正美. パネルデータから見た現代女性——結婚・出产・就业・消费・貯蓄［M］. 东京：东洋経済新报社，1999：25-65.

[183]津谷典子. 少子化の社会経済的要因：国际比较の視点から［J］. 学术の动向，2004（9）：14-18.

[184]堤静子. 少子化要因としての未婚化・晚婚化：都道府県コーホートによる分析［J］. 社会保障研究，2009（47-2）：159-174.

[185]山田昌弘. 希望格差社会：「负け组」の绝望感が日本を引き裂く［M］. 东京：筑摩书房，2004.

附录：1947—2065年日本相关人口数据汇总

表1.1 低生育水平地区总和生育率的变化

年份	总人口（万人）	出生人数（万人）	人口出生率（‰）	总和生育率	自然增长率（‰）
1947	7810.1	267.9	34.3	4.54	19.7
1948	8000.2	268.2	33.5	4.40	21.6
1949	8177.3	269.7	33.0	4.32	21.4
1950	8320.0	233.8	28.1	3.65	17.2
1951	8454.1	213.8	25.3	3.26	15.4
1952	8580.8	200.5	23.4	2.98	14.5
1953	8698.1	186.8	21.5	2.69	12.6
1954	8823.9	177.0	20.0	2.48	11.9
1955	8927.6	173.1	19.4	2.37	11.6
1956	9017.2	166.5	18.4	2.22	10.4
1957	9092.8	156.7	17.2	2.04	9.0
1958	9176.7	165.3	18.0	2.11	10.6
1959	9264.1	162.6	17.5	2.04	10.1
1960	9341.9	160.6	17.2	2.00	9.6
1961	9428.7	158.9	16.9	1.96	9.5
1962	9518.1	161.9	17.0	1.98	9.5
1963	9615.6	166.0	17.3	2.00	10.3
1964	9718.2	171.7	17.7	2.05	10.7
1965	9827.5	182.4	18.6	2.14	11.4

续表

年份	总人口（万人）	出生人数（万人）	人口出生率（‰）	总和生育率	自然增长率（‰）
1966	9903.6	136.1	13.7	1.58	7.0
1967	10019.6	193.6	19.4	2.23	12.6
1968	10133.1	187.2	18.6	2.13	11.7
1969	10253.6	189.0	18.5	2.13	11.7
1970	10372.0	193.4	18.8	2.13	11.8
1971	10514.5	200.1	19.2	2.16	12.5
1972	10759.5	203.9	19.3	2.14	12.6
1973	10910.4	209.2	19.4	2.14	12.7
1974	11057.3	203.0	18.6	2.05	11.9
1975	11194.0	190.1	17.1	1.91	10.7
1976	11309.4	183.3	16.3	1.85	10.0
1977	11416.5	175.5	15.5	1.80	9.3
1978	11519.0	170.9	14.9	1.79	8.8
1979	11615.5	164.3	14.2	1.77	8.2
1980	11706.0	157.7	13.6	1.75	7.3
1981	11790.2	152.9	13.0	1.74	6.9
1982	11872.8	151.5	12.8	1.77	6.8
1983	11953.6	150.9	12.7	1.80	6.4
1984	12030.5	149.0	12.5	1.81	6.2
1985	12104.9	143.2	11.9	1.76	5.6
1986	12166.0	138.3	11.4	1.72	5.2
1987	12223.9	134.7	11.1	1.69	4.9
1988	12274.5	131.4	10.8	1.66	4.2
1989	12320.5	124.7	10.2	1.57	3.7
1990	12361.1	122.2	10.0	1.54	3.2
1991	12410.1	122.3	9.9	1.53	3.2
1992	12456.7	120.9	9.8	1.50	2.8

续表

年份	总人口（万人）	出生人数（万人）	人口出生率（‰）	总和生育率	自然增长率（‰）
1993	12493.8	118.8	9.6	1.46	2.5
1994	12526.5	123.8	10.0	1.50	2.9
1995	12557.0	118.7	9.6	1.42	2.1
1996	12585.9	120.7	9.7	1.43	2.5
1997	12615.7	119.2	9.5	1.39	2.2
1998	12647.2	120.3	9.6	1.38	2.1
1999	12666.7	117.8	9.4	1.34	1.5
2000	12692.6	119.1	9.5	1.36	1.8
2001	12731.6	117.1	9.3	1.33	1.6
2002	12748.6	115.4	9.2	1.32	1.3
2003	12769.4	112.4	8.9	1.29	0.9
2004	12778.7	111.1	8.8	1.29	0.6
2005	12776.8	106.3	8.4	1.26	-0.2
2006	12790.1	109.3	8.7	1.32	0.1
2007	12803.3	109.0	8.6	1.34	-0.1
2008	12808.4	109.1	8.7	1.37	-0.4
2009	12803.2	106.9	8.5	1.37	-0.6
2010	12805.7	107.1	8.5	1.38	-1.0
2011	12783.4	105.1	8.3	1.39	-1.6
2012	12759.3	103.7	8.2	1.41	-1.7
2013	12741.4	103.0	8.2	1.43	-1.9
2014	12723.7	100.4	8.0	1.42	-2.1
2015	12709.5	100.6	8.0	1.45	-2.2
2016	12693.3	97.7	7.8	1.44	-2.6
2017	12670.6	94.6	7.5	1.43	-3.1
2018	12617.7	94.4	7.5	1.44	-3.3
2019	12577.3	92.1	7.3	1.43	-3.7

续表

年份	总人口（万人）	出生人数（万人）	人口出生率（‰）	总和生育率	自然增长率（‰）
2020	12532.5	90.2	7.2	1.43	-4.1
2021	12483.6	88.6	7.1	1.42	-4.4
2022	12431.0	87.2	7	1.42	-4.7
2023	12375.1	86.0	7	1.42	-5.0
2024	12316.1	85.1	6.9	1.42	-5.3
2025	12254.4	84.4	6.9	1.42	-5.5
2026	12190.3	83.8	6.9	1.42	-5.8
2027	12124.0	83.4	6.9	1.42	-6.0
2028	12055.5	82.9	6.9	1.42	-6.2
2029	11985.0	82.4	6.9	1.43	-6.4
2030	11912.5	81.8	6.9	1.43	-6.6
2031	11838.0	81.1	6.9	1.43	-6.8
2032	11761.6	80.5	6.8	1.43	-7.0
2033	11683.3	79.7	6.8	1.43	-7.2
2034	11603.3	79.0	6.8	1.43	-7.4
2035	11521.6	78.2	6.8	1.43	-7.6
2036	11438.3	77.4	6.8	1.43	-7.8
2037	11353.5	76.6	6.7	1.43	-8.0
2038	11267.4	75.8	6.7	1.43	-8.1
2039	11180.1	75.0	6.7	1.43	-8.3
2040	11091.9	74.2	6.7	1.43	-8.4
2041	11002.8	73.4	6.7	1.44	-8.6
2042	10913.1	72.5	6.6	1.44	-8.7
2043	10822.9	71.7	6.6	1.44	-8.8
2044	10732.6	70.8	6.6	1.44	-8.9
2045	10642.1	70.0	6.6	1.44	-9.0
2046	10551.8	69.1	6.5	1.44	-9.0

续表

年份	总人口（万人）	出生人数（万人）	人口出生率（‰）	总和生育率	自然增长率（‰）
2047	10461.6	68.2	6.5	1.44	-9.1
2048	10371.6	67.3	6.5	1.44	-9.1
2049	10281.9	66.4	6.5	1.44	-9.2
2050	10192.3	65.5	6.4	1.44	-9.2
2051	10102.9	64.6	6.4	1.44	-9.3
2052	10013.5	63.7	6.4	1.44	-9.4
2053	9924.0	62.9	6.3	1.44	-9.5
2054	9834.2	62.1	6.3	1.44	-9.6
2055	9744.1	61.3	6.3	1.44	-9.7
2056	9653.4	60.7	6.3	1.44	-9.9
2057	9562.2	60.0	6.3	1.44	-10.0
2058	9470.2	59.4	6.3	1.44	-10.1
2059	9377.5	58.8	6.3	1.44	-10.4
2060	9284.0	58.3	6.3	1.44	-10.5
2061	9189.7	57.7	6.3	1.44	-10.7
2062	9094.9	57.2	6.3	1.44	-10.9
2063	8999.4	56.7	6.3	1.44	-11.1
2064	8903.6	56.2	6.3	1.44	-11.2
2065	8807.7	55.7	6.3	1.44	-11.4

资料来源：2017年及以前为实际数据，跟日本国立社会保障·人口问题研究所《人口资料统计集（2019）》整理；2018年开始为预测数据，根据日本国立社会保障·人口问题研究所2017年人口预测资料中位预测数据整理。